FEMINISMO GLITCH

Lucciole 1

Legacy Russell
Feminismo glitch
Glitch Feminism: A manifesto

© Legacy Russell, 2020
© Editora Âyiné, 2023

Tradução:
Camila Araújo

Edição:
Livia Lima, Giulia Menegale

Preparação:
Fabiana Ferreira Lopes

Revisão:
Tamara Sender, Andrea Stahel

Projeto gráfico:
OAZA / Maša Poljanec

Lucciole logo:
Neva Zidić

ISBN: 978-65-5998-107-6

Âyiné

Direção editorial:
Pedro Fonseca

Coordenação editorial:
Luísa Rabello

Coordenação de comunicação:
Clara Dias

Direção de arte:
Daniella Domingues

Assistência de design:
Laura Lao

Conselho editorial:
Simone Cristoforetti,
Zuane Fabbris, Lucas Mendes

Praça Carlos Chagas, 49
2º andar. Belo Horizonte, MG
30170-140

+55 31 3291-4164
www.ayine.com.br
info@ayine.com.br

FEMINISMO GLITCH

LEGACY RUSSELL

Âyiné

Para DIGITALMAN, que:

001 – Amou a mim e ao meu avatar.

002 – Apoiou a jornada por este ciclo maravilhoso.

003 – Morreu antes de isto aqui vir ao mundo,
mas me deu à luz, então também deu à luz isto aqui.

Ainda em processamento,
você mora aqui nestas páginas, como todes nós.

Oh, pessoa amada que perdemos,
mas que ainda anda aí, on-line.
Para você, escrevemos seu nome aqui,
e ocupamos este espaço.

Diga seus nomes.
Diga seus nomes.
Diga seus nomes.

fuck
the whole muthafucking thing

Etheridge Knight, «Feeling Fucked Up» (1986)

13	00 INTRODUÇÃO
25	01 O GLITCH RECUSA
45	02 O GLITCH É CÓSMICO
55	03 O GLITCH ALFINETA
67	04 O GLITCH DÁ GHOST
77	05 O GLITCH É ERRO
85	06 O GLITCH CRIPTOGRAFA
93	07 O GLITCH É ANTI-CORPO
103	08 O GLITCH É PELE
113	09 O GLITCH É VÍRUS
121	10 O GLITCH MOBILIZA
131	11 O GLITCH É REMIX
143	12 O GLITCH SOBREVIVE
151	AGRADECIMENTOS
155	CRÉDITOS DAS IMAGENS
157	TEXTOS CITADOS

FEMINISMO GLITCH

> **THESE ARE THE AXES:**
>
> **1**
> **BODIES ARE INHERENTLY VALID**
>
> **2**
> **REMEMBER DEATH**
>
> **3**
> **BE UGLY**
>
> **4**
> **KNOW BEAUTY**
>
> **5**
> **IT IS COMPLICATED**
>
> **6**
> **EMPATHY**
>
> **7**
> **CHOICE**
>
> **8**
> **RECONSTRUCT, REIFY**
>
> **9**
> **RESPECT, NEGOTIATE**

Estes são os eixos:
1. Corpos são inerentemente válidos / 2. Lembre da morte /
3. Seja feio / 4. Conheça a beleza / 5. É complicado / 6. Empatia /
7. Escolha / 8. Reconstrua, materialize / 9. Respeite, negocie

Mark Aguhar, *These are the axes* (2012)

00
Introdução

Quando pré-adolescente, eu me conectei como LuvPunk12 e passei os anos seguintes vagando os caminhos das maquinarias assombradas, ocupando salas de bate-papo e construindo fantasias com GIFS no GeoCities. Tendo crescido em Saint Mark's Place, no centro de East Village, em Nova York, aprendi a construir e a representar meu gênero me diferenciando das crianças punks do meu bairro, das drag queens que comandavam o palco no Stingy Lulu's e dominavam o festival Wigstock no Tompkins Square Park, e também da cultura Boricua,[1] tudo o que, na época, formava o alicerce do East Village e do Lower East Side.

LuvPunk12 se tornou um amálgama simbólico de todo esse fluxo. Eu escolhi o nome quando vi *LUV PUNK!* em um adesivo vermelho-maçã do amor em formato de coração colado na cabine telefônica na frente do meu prédio. Eu tinha doze anos. Arranquei o adesivo e colei no meu fichário, usando-o como um distintivo de orgulho. Esse adesivo se tornou um lembrete muito nítido de casa quando passei a frequentar espaços além do East Village, que muitas vezes parecia alheio a mim.

LuvPunk12 como apelido de sala de bate-papo foi uma performance nascente, uma exploração de um eu futuro. Eu era um corpo jovem: Negra,[2] identificada como mulher, *femme*, queer. Sem poder dar *pause*, sem direito a nenhum indulto; o mundo ao meu redor nunca me deixa esquecer esses identificadores. No entanto, on-line eu poderia ser o que quisesse. E assim, meu eu de doze anos completou dezesseis, vinte, setenta. Envelheci. Morri. Por meio dessa narrativa e mudança de forma,

---

1   Modo como pessoas porto-riquenhas ou descendentes se autodenominam. [N. T.]

2   Neste texto vou celebrar o uso do «N» maiúsculo para «Negra». «Negritude» vai manter o «n» minúsculo no interesse de abrir espaço para o quadro ontológico que a negritude propõe em um discurso cultural, social, político.

00 INTRODUÇÃO

eu fui ressuscitada. Reivindiquei minha amplitude. Online, encontrei minha primeira conexão com a vaidade de gênero em ascendência, o arrastar sedento da aspiração. Com minha «fêmea» transmogrificada, comecei a explorar o «homem», a expandir a «mulher». Brinquei com a dinâmica do poder, trocando com pessoas estranhas sem rosto, empoderadas pela criação de novos eus, entrando e saindo de peles digitais, celebrando os novos rituais do cibersexo. Nas salas de bate-papo, eu vestia diferentes realidades corporais enquanto aquela roda da morte colorida[3] girava no engarrafamento extático e demorado da conexão discada da AOL.

Aqueles tons suaves da discagem eram pavlovianos: eles me faziam salivar em antecipação aos mundos logo além dos sinos. Eu era uma nativa digital que atravessava aquelas paisagens cibernéticas com o alvorecer de uma consciência, um poder exercido timidamente. Ainda não tinha o privilégio de estar completamente formada como ciborgue, mas, ao me infiltrar, sem dúvida caminhava para isso.

E eu não estava sozinha.

Longe do teclado (ou «AFK»),[4] imersa em um East Village que se gentrificava rapidamente, rostos, pele, identidades como a minha e como as comunidades mistas em que fui criada foram aos poucos desaparecendo. Eu estava me tornando uma estranha em meu próprio território, um resquício de um capítulo passado de Nova York. Famílias criativas não brancas como a minha, que tinham construído a paisagem vibrante do centro de Nova York, estavam sendo excluídas dos bairros. De repente, as pessoas

---

3 Referência ao cursor de espera do Mac, também conhecido como «wheel of death», ou «roda da morte». [N. T.]

4 Sigla para a expressão em inglês «away from keyboard», ou «longe do teclado». [N. T.]

que moravam ao lado eram cada vez mais brancas, tinham mais poder aquisitivo e visivelmente se incomodavam com a minha presença e a presença da minha família. A «velha guarda» enfrentava uma geração de crianças herdeiras. Aquela gente recém-chegada estava fascinada pela mitologia do East Village como um bastião cultural, mas mostrou pouco interesse em investir na luta necessária para proteger seu legado.

Para além da minha porta, minha feminilidade queer também se encontrava em uma passagem vulnerável pelos canais da heteronormatividade do ensino médio. Meu corpo pré-púbere estava exausto dos costumes sociais, cansado de ouvir que devia ocupar menos espaço, ser visto e não ouvido, sistematicamente apagado, editado, ignorado. Tudo o que eu queria era me mover. Mas, à luz do dia, eu me sentia encurralada, sempre me deslocando inquieta sob o peso da incessante observação heteronormativa branca.

Sob esse tipo de vigilância, a verdadeira inocência e as brincadeiras infantis parecem subitamente inviáveis. Então, eu procurei oportunidades para mergulhar no potencial da recusa. Comecei a lutar contra a violência dessa visibilidade não consentida, a assumir o controle dos olhos sobre mim e da forma como esses olhos interpretavam meu corpo. Enquanto eu estava em uma intersecção volátil, ficou claro para mim que o binarismo era algum tipo de ficção. Mesmo para um corpo Negro queer incipiente, uma dupla consciência duboisiana se fragmenta ainda mais, o «duplo» se torna «triplo», uma consciência amplificada e expandida pelo «terceiro olho» do gênero.

Olhando através desses véus de raça e gênero, mas sem nunca ser totalmente vista, com pontos de referência limitados no mundo além, eu estava distante de qualquer espelho preciso. Para o meu corpo, então, a subversão veio via remix digital, buscando aqueles locais

00 INTRODUÇÃO

de experimentação onde eu pudesse explorar meu verdadeiro eu, aberta e pronta para ser lida por quem falasse minha língua. On-line, procurei me tornar uma fugitiva do *mainstream*, pois não queria aceitar sua definição limitada de corpos como o meu. O que o mundo AFK me ofereceu não foi suficiente. Eu queria – exigia – mais.

A construção do binarismo de gênero é, e sempre foi, precária. Agressivamente contingente, é uma invenção imaterial que em sua viralidade tóxica contagiou nossas narrativas sociais e culturais. Para existir dentro de um sistema binário, é preciso assumir que nós somos imutáveis, que a forma como nos leem no mundo deve ser escolhida por outras pessoas, e não definida – e escolhida – por nós. Estar na intersecção entre alguém que se identifica como mulher, queer e Negra é encontrar-se em um vértice integral. Cada um desses componentes é uma tecnologia-chave por si só. Juntos ou individualmente, «mulher», «queer», «Negra» como estratégia de sobrevivência demandam o desenvolvimento de ferramentas específicas de inovação, criatividade e resistência. Com movimentos físicos, muitas vezes restritos, pessoas que se identificam como mulheres, pessoas queer, pessoas Negras, inventam maneiras de criar espaço por meio da ruptura. Aqui, nessa ruptura, com nossa comunidade coletiva naquela encruzilhada de gênero, raça e sexualidade, encontra-se o poder do glitch.[5]

Um glitch é um erro, um engano, uma falha no funcionamento. Dentro da tecnocultura, um glitch é parte da ansiedade mecânica, um indicador de que algo deu errado. Essa ansiedade tecnológica causada pela sensação de que *algo deu errado* transborda naturalmente para cenários AFK, quando encontramos falhas: um motor de carro

---

5 O termo «glitch» será mantido em inglês ao longo desta edição. [N. T.]

enguiçando; um elevador parado em um andar; um apagão na cidade inteira.

No entanto, esses são exemplos minúsculos no esquema mais amplo das coisas. Se recuarmos ainda mais, considerando os sistemas maiores e mais complicados que foram usados para moldar a máquina da sociedade e da cultura, o gênero é imediatamente identificável como uma engrenagem central nessa roda. O gênero tem sido usado como uma arma contra sua própria gente. A ideia de «corpo» contém essa arma: o gênero circunscreve e «protege» o corpo, impedindo-o de se tornar ilimitado, de reivindicar a vastidão infinita, de realizar seu verdadeiro potencial.

Usamos «corpo» para dar forma material a uma ideia que não tem forma, um agenciamento que é abstrato. O conceito de corpo abriga em si discursos sociais, políticos e culturais, que mudam a depender de onde o corpo está situado e de como é lido. Quando atribuímos gênero a um corpo, estamos fazendo suposições sobre a função desse corpo, sua condição sociopolítica, sua imutabilidade. Quando determinado como indivíduo masculino ou feminino, o corpo performatiza o gênero como sua marca, guiado por um conjunto de regras e requisitos que validam e verificam a humanidade desse indivíduo. Um corpo que recusa a aplicação dos pronomes, ou permanece indecifrável na atribuição binária, é um corpo que se recusa a executar essa marca. Esse não desempenho é um glitch. Esse glitch é uma forma de recusa.

No feminismo glitch, o glitch é celebrado como um veículo de recusa, uma estratégia de não performance. Esse glitch visa tornar novamente abstrato aquilo que foi forçado a um material desconfortável e mal definido: o corpo. No feminismo glitch, entendemos a noção de *glitch-como-erro* com sua gênese no campo do mecânico e do digital e consideramos como ela pode ser reaplicada

00 INTRODUÇÃO

para informar nossa visão do mundo AFK, moldando a maneira como podemos participar dele almejando uma maior agência, própria e autodirecionada. Encarando a internet como um material criativo, o feminismo glitch olha primeiro pelas lentes de artistas que, em seus trabalhos e pesquisas, oferecem soluções para esse material conturbado do corpo. O processo de tornar-se material traz à tona tensões, levando-nos a indagar: *Quem define a matéria do corpo? Quem atribui valor a essa matéria – e por quê?*

Essas questões são desafiadoras e desconfortáveis, exigindo que enfrentemos o corpo como uma estrutura estratégica e muitas vezes aplicada para fins específicos. No entanto, nesta linha de raciocínio, o feminismo glitch continua a ser uma mediação do desejo por todos aqueles corpos como o meu que, durante a noite, continuam a atingir a maior idade na internet. O glitch reconhece que os corpos generificados, longe de serem absolutos, são imaginários, fabricados e mercantilizados para o capital. A falha é uma prece ativista, um chamado à ação, enquanto trabalhamos em direção ao fracasso estupendo, nos libertando de uma compreensão de gênero como algo estático.

Enquanto continuamos a navegar em direção a um conceito mais vasto e abstrato de gênero, é importante dizer que às vezes realmente parece, de forma paradoxal, que tudo o que temos são os corpos em que nos alojamos, generificados ou não. Sob o sol do capitalismo, de fato não possuímos muito mais e, mesmo assim, com frequência nos sujeitamos a uma coreografia complicada ditada pelos sistemas complicados, burocráticos e rizomáticos das instituições. A brutalidade desse estado precário é particularmente evidente pela constante expectativa de que nós, como corpos, reafirmemos uma performance de gênero que se encaixa em um binarismo para cumprir as prescrições do cotidiano. Como o cientista político e antropólogo James C. Scott escreve: «A legibilidade [torna-se] uma condição de manipulação».[6] Essas agressões, marcadas como neutras em sua banalidade, são de fato violentas. Diariamente, em todas as instâncias da vida moderna, temos que responder às investidas do binarismo de gênero: ao abrir uma conta bancária; ao solicitar um passaporte; quando vamos ao banheiro.

Então, o que significa desmantelar o gênero? Tal programa é um projeto de desarmamento; exige o fim de nossa relação com a prática social do corpo como o conhecemos. No romance do escritor e ativista James Baldwin, *O quarto de Giovanni* (1956), o protagonista, David, reflete sombriamente: «Não importa, é apenas o corpo, [e] logo acabará». Pela aplicação do glitch, nós damos ghost no corpo generificado e aceleramos a chegada do seu fim. As infinitas possibilidades apresentadas como consequência disso permitem nossa exploração: podemos desidentificar e, ao desidentificar, podemos criar nossas próprias regras na luta com o problema do corpo.

O feminismo glitch nos pede para olhar para a sociedade profundamente defeituosa na qual nos envolvemos e participamos hoje, uma sociedade que exige implacavelmente que façamos escolhas com base em um binarismo de gênero que nos limita como indivíduos. O feminismo glitch nos compele a considerar o *meio-termo* como um componente central da sobrevivência – nem masculino nem feminino, nem macho nem fêmea, mas um espectro mediante o qual temos poder de escolha e de autodefinição. Assim, o glitch cria uma fissura dentro da qual se manifestam novas possibilidades de ser e tornar-se. Esse fracasso em funcionar dentro dos limites de uma sociedade que falha conosco é uma recusa precisa e necessária. O feminismo glitch discorda, se opõe ao capitalismo.

---

6 J. C. Scott, *Seeing Like a State: How Certain Schemes to Improve the Human Condition Have Failed*. New Haven: Yale University Press, 1999, p. 183.

00 INTRODUÇÃO

Como feministas glitch, esta é a nossa política: nos recusamos a ser talhadas na linha hegemônica de um corpo binário. Esse fracasso calculado faz a violenta máquina sociocultural soluçar, suspirar, estremecer, amortecer. Queremos uma nova estrutura. E, para essa estrutura, queremos uma nova pele. O mundo digital oferece um espaço onde isso pode acontecer. Por meio do digital, fazemos novos mundos e ousamos modificar os nossos. Por meio do digital, o corpo «em glitch» encontra sua gênese. Abraçar o glitch é, portanto, uma ação participativa que desafia o *status quo*. Cria uma pátria para quem atravessa os complexos canais da diáspora de gênero. O glitch existe para os seres alegremente imersos no meio, aqueles que viajaram para longe de seu local designado de gênero de origem. A presença contínua do glitch gera um espaço acolhedor para inovar e experimentar. O feminismo glitch exige uma ocupação do digital como meio de construção do mundo. Permite-nos aproveitar a oportunidade de gerar novas ideias e recursos para a (r)evolução contínua de corpos que podem inevitavelmente se mover e mudar mais rápido do que os costumes AFK ou as sociedades que os produzem e sob os quais operamos forçadamente off-line.

Com o avatar inicial de LuvPunk12, eu me envolvi na pele do digital, politizando mediante meu gênero embrionário, viajando sem passaporte, ocupando espaço, ampliando minha negritude queer. Essa experiência de motim mecânico foi fundamental e me deu coragem para abandonar a ambivalência que acompanha o medo da fossilização no processo de formação, inerente às convulsões da adolescência. Encontrei família e fé no futuro com essas intervenções, moldando minhas visões de um eu que poderia ser verdadeiramente empoderado por meio da autodefinição, um futuro que o decoro social costumava desencorajar para um corpo Negro queer.

21

A escritora e ativista feminista Simone de Beauvoir é famosa por postular «Não se nasce mulher, torna-se mulher». O glitch rebate: não se nasce corpo, torna-se corpo. Embora o artifício de um simples Shangri-lá digital – um mundo on-line onde poderíamos finalmente nos «libertar» dos costumes de gênero, como sonhavam as primeiras ciberfeministas – tenha sido furado, a internet continua sendo um barco que faz do «devir» algo possível. O glitch é uma passagem que o corpo atravessa em direção à libertação, um rasgo no tecido do digital.

Este livro é dedicado às pessoas que estão a caminho de se tornar seu avatar, que continuam a jogar, experimentar e construir por meio da internet como um modo de fortalecer os laços entre o on-line e o AFK. Este livro convocará e celebrará artistas que fazem da crítica do corpo um ponto central de sua prática, e compartilhará as salas que batalhamos para criar nessa jornada em busca de abrigo, segurança, futuridade. Para citar o poeta, crítico e teórico Fred Moten: «O normativo é o efeito posterior, é uma resposta ao irregular».

Como feministas glitch, nós injetamos nossas irregularidades positivas nesses sistemas como errata, ativando uma nova arquitetura mediante essas disfunções, buscando e celebrando a transitoriedade de gênero em nossa estranha e selvagem caminhada. Com esse propósito, este livro foi estruturado em doze seções, cada uma destinada a apresentar um efeito posterior alternativo, permitindo-nos perscrutar através das lentes de novas práticas e políticas para descobrir novos modos segundo os quais a vida não só imita, como começa com a arte. No início de cada uma das doze seções, há uma declaração, uma parede branca contra a qual lançar o feminismo glitch em seu deslize, posição e manifesto. Este texto partirá de uma exploração do *glitch* como palavra para sua reaplicação no contexto do (ciber)feminismo, para uma história do

00 INTRODUÇÃO

próprio ciberfeminismo, desafiando quem se tornou mais visível nessas narrativas. Cada seção aplicará o conceito de glitch em uma pesquisa e celebração de artistas e obras que nos ajudem a imaginar novas possibilidades para o que o corpo pode fazer e como isso pode funcionar contra o normativo. Começando on-line, vamos percorrer o ciclo on-line-AFK, vendo como o feminismo glitch pode ser usado no mundo em geral, inspirado por praticantes que, em sua rebelião contra o corpo binário, nos guiam por mundos rebeldes em direção a novas estruturas e novas visões de futuros fantásticos.

FEMINISMO GLITCH

01
O glitch recusa

NOPE
(a manifesto)

I am not an identity artist just because I am a Black artist with multiple selves.

I am not grappling with notions of identity and representation in my art. I'm grappling with safety and futurity. We are beyond asking should we be in the room. We are in the room. We are also dying at a rapid pace and need a sustainable future.

We need more people, we need better environments, we need places to hide, we need Utopian demands, we need culture that loves us.

I am not asking who I am. I'm a Black woman and expansive in my Blackness and my queerness as Blackness and queerness are always already expansive. None of this is as simple as "identity and representation" outside of the colonial gaze. I reject the colonial gaze as the primary gaze. I am outside of it in the land of NOPE.

© E. Jane 2016

01 O GLITCH RECUSA

Começo com a obra *NOPE (A Manifesto)* [NÃO (um manifesto)] (2016), da artista E. Jane, porque em suas palavras está a recusa fundamental para a falha, para o «glitch». *Dar glitch* é abraçar o mau funcionamento, e abraçar o mau funcionamento é em si uma expressão que começa com um «não». Assim, o *NOPE* de E. Jane nos ajuda a dar esses primeiros passos.

E. Jane escreve:

> Não sou uma artista identitária só porque sou uma artista Negra com múltiplos eus.
>
> Não estou lidando com noções de identidade e representação em minha arte. Estou lutando com segurança e futuridade. Estamos além de perguntar se deveríamos estar na sala. Nós estamos na sala. Também estamos morrendo em ritmo acelerado e precisamos de um futuro sustentável.
>
> Precisamos de mais pessoas, precisamos de ambientes melhores, precisamos de lugares para nos esconder, precisamos de demandas utópicas, precisamos de uma cultura que nos ame.
>
> Eu não estou perguntando quem sou. Eu sou uma mulher Negra e expansiva em minha Negritude e em minha queeridade como a Negritude e a queeridade são sempre expansivas. Nada disso é tão simples quanto «identidade e representação» fora do olhar colonial. Eu rejeito o olhar colonial como o olhar primário. Estou fora disso, na terra do NOPE.

Antes de falar sobre o que é o glitch ou o que ele pode fazer, vamos meditar sobre a ideia de um «[eu] com múltiplos eus» e reconhecer que a construção de um eu, criativo ou não, é complexa. A nomeação e afirmação de E. Jane de seus «múltiplos eus» contraria uma leitura superficial de corpos historicamente outrizados – corpos interseccionais que viajaram incansavelmente, gloriosamente, por espaços estreitos. Esses são os eus que, como a escritora e ativista Audre Lorde escreveu em seu poema «Uma litania pela sobrevivência» (1978), «vivem na margem» e nunca foram destinados a sobreviver.

Apoderar-se de «múltiplos eus» é, portanto, um ato inerentemente feminista: a multiplicidade é libertadora. Na sua prática criativa, E. Jane explora a liberdade encontrada na multiplicidade, estendendo sua amplitude por meio de dois eus: E. Jane e Mhysa, seu avatar «alter ego». Mhysa é uma autoproclamada «popstar em prol da resistência cibernética underground» que cruzou algumas das primeiras obras de arte de E. Jane apresentadas no já extinto «centro cultural multimídia» e «motor de criação» NewHive.[1]

A obra NewHive de E. Jane, *MhysaxEmbaci-Freakinme* (2016), apresentou Mhysa em um vibrante campo de peônias lilás, lábios com glitter e corpos em movimento ligeiramente fora de sincronia no arrastar digital de uma colagem sincopada de som e imagens. Esses dois eus começaram como entidades relativamente distintas, com Mhysa «permitindo que [E. Jane] fizesse parte [de seus eus que] instituições brancas tentaram sufocar», servindo como um alter ego que autogravou e compartilhou trechos de seu próprio florescimento no Instagram, Twitter e Facebook.[2] Então, em 2017, Mhysa lançou um LP com onze faixas apropriadamente intitulado *Fantasii*, marcando o momento em que «o deslizamento entre IRL[3] e URL» se aprofundou enquanto Mhysa performava músicas

---

1 «An Interview with E. Jane». *AQNB* 16 fev. 2016. Disponível em: <aqnb.com>; «About», NewHive, <newhive.com:80/newhive/about>; «NewHive». *Wikipedia*. Disponível em: <wikipedia.org>.

2 H. Girma, «Artist Profile: E. Jane». *Rhizome*, 23 maio 2017. Disponível em: <rhizome.org>.

3 Sigla para a expressão em inglês «in real life» [na vida real]. [N. T.]

01 O GLITCH RECUSA

e *sets* AFK, entrando no mundo de E. Jane e perfurando a divisão cuidadosamente construída entre autodomínio[4] on-line e off-line.

A jornada de E. Jane em direção a Mhysa, primeiro como um avatar e depois como sua extensão AFK, traz a marca do encontro de um espaço vago para vagar e encontrar amplitude. Penso no poema de Walt Whitman, «Canção de mim mesmo» (1892):

> Contradigo-me?
> Muito bem, então me contradigo,
> (Sou vasto, contenho multidões.)[5]

Whitman, um homem branco, era considerado radicalmente queer para a sua época. Nesses versos, ele captura um «instantâneo» perfeito do problema do patriarcado e da branquitude. Whitman é um agente vinculado a um *status quo* social e cultural, mas o fato de «conter multidões» é o exercício do seu direito de ser «vasto», sua capacidade de se «contradizer» é o exercício do direito de ser turvo, não fixo, abstrato. O patriarcado exerce seu domínio social ocupando espaços como seu direito inato; e, quando entra em contato com a branquitude, o patriarcado deixa pouco espaço para qualquer outra coisa. O espaço não é apenas reivindicado por quem exerce o «olhar primário» de que E. Jane fala, mas também é criado para essas pessoas: o espaço para se tornar um eu desimpedido, completo. E a complexidade agencial que isso proporciona é concedida e protegida para os eus normativos e os corpos que eles ocupam.

---

4 «An Interview with E. Jane», op. cit.

5 Conforme tradução de Rodrigo Garcia Lopes (*Folhas de relva*. São Paulo: Iluminuras, 2005). No original: «Do I contradict myself?/ Very well then I contradict myself,/ (I am large, I contain multitudes.)». [N. T.]

O que E. Jane defende com unhas e dentes – aquele eu expansivo – Whitman não teme, totalmente despreocupado da ameaça de ter o privilégio tirado dele. Com mais de 120 anos de diferença, E. Jane e Whitman se comunicam através de um vazio, mas miram dois mundos bem distintos. Quando consideramos a identidade e a linguagem frequentemente utilizada para falar do assunto (por exemplo, «o *mainstream*» e quem está «à margem»), não surpreende que, sob o patriarcado branco, corpos – *eus* – que não podem ser definidos com clareza pelo «olhar primário» sejam afastados do centro. Aí, então, o corpo de uma mulher Negra queer é nivelado, essencializado como singular em dimensão, com pouco espaço para ocupar e ainda menos território para explorar. Como figuras planas e sombrias nas margens, somos destituídas do direito de sentir, de transformar, de expressar variações de nós mesmas.

A história desse tipo de nivelamento ou «alienação» tem raízes profundas em uma narrativa dolorosa de raça, gênero e sexualidade nos Estados Unidos, mas também permanece consistente em uma história mundial de guerra. Onde o imperialismo tocou, onde o neocolonialismo persiste, a força do nivelamento pode ser encontrada. Se alguém pode tornar outro corpo sem rosto e irreconhecível, se alguém pode classificar outro alguém como subumano, fica mais fácil para um grupo estabelecer uma posição de supremacia sobre outro.

A violência é um componente-chave da supremacia e, como tal, um agente central do patriarcado. Onde há limitação do «direito à variação» de um corpo, em nível individual ou estatal, há dominação.

E. Jane não exagera quando escreve que estamos «morrendo em ritmo acelerado». Na qualidade de pessoas empurradas para as margens, nós nos reconhecemos como pessoas queer, como pessoas não brancas, como pessoas

01 O GLITCH RECUSA

que se identificam como mulheres e que se encontram mais vulneráveisno enfrentamento às condições globais, desde as mudanças climáticas até o agronegócio. Assim, é urgente vislumbrar que forma um futuro sustentável pode ter, encontrar «lugares para nos esconder» em segurança e desenvolver técnicas para a criação de espaços próprios.

Glitch tem tudo a ver com atravessar fronteiras e confrontar limites, aqueles que ocupamos e ultrapassamos, em nossa jornada para nos definir. Glitch também é reivindicar nosso direito à complexidade, à amplitude, dentro e além das margens conhecidas. E. Jane está certa: nós de fato «precisamos de lugares para nos esconder, precisamos de demandas utópicas, precisamos de uma cultura que nos ame».

A arquitetura imaginativa da utopia permanece sempre presente no feminismo glitch. Ela nos dá casa e esperança. Em 2009, o acadêmico e teórico queer José Esteban Muñoz escreveu em seu *Cruising Utopia* [Navegando a utopia]: «A *queeridade* é aquela coisa que nos faz sentir que este mundo não é suficiente, que de fato algo está faltando».[6] Nesse «algo está faltando» existe desejo, uma necessidade de um mundo melhor, uma rejeição do aqui e agora. Muñoz observa: «Fomos expulsos do ritmo do tempo hétero e construímos mundos em nossas configurações temporais e espaciais».[7] Recusando o «tempo hétero» e, por extensão, um modelo eurocêntrico de tempo e espaço, E. Jane postula um NOPE que não se contenta com um mundo ou com um sistema social que falha conosco.

O romance oblíquo da internet-como-utopia, contra essa realidade de pano de fundo, não deve ser descartado como ingênuo. Imbuir material digital de fantasia hoje

---

6   J. E. Muñoz, *Cruising Utopia: The Then and There of Queer Futurity*. Nova York: NYU Press, 2009, p. 1.

7   Ibid., p. 182.

não é um ato retrô de mitificação, mas continua sendo um mecanismo de sobrevivência. A internet ainda pode ser usada para jogo, performance, exploração. Permitir-nos esse espaço para experimentar talvez nos aproxime de uma projeção de um «futuro sustentável».

Essa ideia é verdade tanto on-line como AFK. Toda tecnologia reflete a sociedade que a produz, incluindo suas estruturas de poder e preconceitos. Isso é verdade até no nível do algoritmo. O mito ultrapassado, no entanto, que iguala o digital e o radical continua a se provar falso. As instituições culturais normativas e a construção social de normas taxonômicas – gênero, raça, classe – no interior delas não perdem tempo em marginalizar a diferença. Paradoxalmente, a própria natureza dessas diferenças, rotuladas de «selvagens», excita. No entanto, essa selvageria é permitida desde que seja mantida adequadamente, crescendo apenas dentro de seu espaço prescrito. Assim como as instituições físicas carecem de inteligência e consciência, as instituições digitais – Facebook, Twitter, Instagram, Snapchat, TikTok – também carecem. São essas as instituições que estão (re)definindo o futuro da cultura visual; elas também são, sem dúvida, profundamente falhas.

Na primavera de 2018, em meio ao #MeToo, um anúncio do Snapchat perguntava às pessoas se elas preferiam «dar um tapa na Rihanna» ou «socar Chris Brown», causando reações de indignação por fazer pouco caso da cantora Rihanna e da violência doméstica que ela sofreu em 2009 nas mãos de seu então parceiro, o cantor Chris Brown. Personalidades, como o ex-rapper Joe Budden e a figura midiática Chelsea Clinton, expressaram apoio a Rihanna no Twitter e horror em relação ao anúncio de mau gosto. A própria Rihanna foi ao Instagram, rival da plataforma Snapchat, para «responder» ao Snapchat, escrevendo: «Vocês gastaram dinheiro para criar algo que

01 O GLITCH RECUSA

intencionalmente envergonharia as vítimas de violência doméstica e fizeram piada disso».[8] Nos dias seguintes, as ações do Snapchat perderam 800 milhões de dólares.[9] Rihanna exerceu sua própria recusa, seu não desempenho, ao se afastar do «público» do Snapchat, uma intervenção na qual ela ergueu o punho em solidariedade a sobreviventes de violência doméstica.

O paradoxo do uso de plataformas que cooptam, sensacionalizam e capitalizam grosseiramente as pessoas racializadas,[10] aquelas que se identificam como mulheres e os corpos queers (e nossa dor), como meio de avançar no diálogo político ou cultural urgente sobre nossa luta (e também sobre nossas alegrias e jornadas), permanece impossível de ignorar. Nessas linhas de falha, surgem questões de consentimento – seu, meu, nosso – à medida que continuamos a «optar por participar», alimentando esses canais com nossos «eus» (por exemplo, nossos corpos representados ou performados on-line). Citando a poeta Nikki Giovanni: «Isso não é contrarrevolucionário[?]».[11]

Talvez. No entanto, se assumirmos que a declaração que Audre Lorde fez em 1984, de que «as ferramentas do senhor nunca vão desmantelar a casa-grande», ainda é verdadeira, então talvez o que essas instituições – on--line e off-line – exigem não seja o desmantelamento, mas

---

8   L. R. France, «Rihanna Criticizes Snapchat for Ad Referencing Domestic Violence». CNN, 16 mar. 2018. Disponível em: <cnn.com>.

9   A. Arnold, «Snapchat's Offensive Rihanna Ad Cost the App $800 Million». *The Cut*, 17 mar. 2018. Disponível em: <thecut.com>.

10   No original, POC, sigla em inglês para «People Of Color». Ao longo desta edição, optamos por traduzir o termo «people of color» por extenso ora como «pessoas não brancas», ora como «pessoas racializadas». Entendemos, no entanto, que ambas as soluções de tradução apresentam seus limites. No primeiro caso, o referencial de branquitude se mantém como parâmetro; no segundo caso, porque a branquitude é desconsiderada como raça. [N. E.]

11   Pensando aqui no poema de Nikki Giovanni: «Seduction/Kidnap Poem» (1975).

um motim na forma de ocupação estratégica. O glitch nos desafia a considerar como podemos «penetrar... romper... perfurar... rasgar» o elemento da instituição e, por extensão, a instituição do corpo.[12] Assim, hackear o «código» de gênero, tornando os corpos binários indistintos, passa a ser nosso objetivo central, um catalisador revolucionário. Corpos em glitch – que não se alinham com o cânone da heteronormatividade cisgênera branca – representam uma ameaça à ordem social. Com alcance amplo e vasto, eles não podem ser programados.

Corpos em glitch não são considerados no processo de programação de novas tecnologias criativas. Em 2015, o algoritmo de reconhecimento de imagem do Google confundiu a imagem de pessoas Negras com gorilas. Em resposta, a «ação imediata» da empresa foi «impedir que o Google Photos rotulasse qualquer imagem como gorila, chimpanzé ou macaco – até mesmo fotos dos próprios primatas».[13] Anos depois, em 2018, o Google Arts & Culture, com seu recurso de sósia de museu, permitiu que as pessoas encontrassem obras de arte contendo figuras e rostos que se parecessem com elas, provocando emparelhamentos problemáticos à medida que o algoritmo identificava sósias com base em atributos essencialmente étnicos ou raciais.[14] Para muita gente essas «ferramentas» fizeram pouco mais do que gamificar[15] o preconceito racial. Essas tecnologias ressaltam o arco dominante da branquitude na criação de imagens

---

12   J.-L. Nancy, «Fifty-Eight Indices on the Body», in J.-L. Nancy, *Corpus*, trad. Richard Rand. Nova York: Fordham University Press, 2008.

13   A. Hern, «Google's Solution to Accidental Algorithmic Racism: Ban Gorillas». *The Guardian*, 12 jan. 2018. Disponível em: <theguardian.com>.

14   A. Lage, «Google's 'Arts & Culture' App is Being Called Racist, But the Problem Goes Beyond the Actual App». *Bustle*, 18 jan. 2018. Disponível em: <bustle.com>.

15   Usar técnicas de jogos, em especial de videogames, em outros campos de atividade. [N. T.]

01 O GLITCH RECUSA

na história da arte e a disseminação dessas imagens em um mercado que apresenta seus próprios preconceitos profundos. E também destacam a desigualdade estrutural inerente à criação dessas próprias ferramentas, com tais algoritmos criados para e pela branquitude, ecoando assim o cânone excludente e violento da história da arte.

On-line, nós lidamos com questões multiplicadoras de uso, participação e visibilidade. Nunca na história houve tamanha oportunidade de produzir e acessar tantos públicos diferentes. Em 1995, o poeta e ativista Essex Hemphill ponderou a respeito: «Estou no limiar do ciberespaço e me pergunto: é possível que eu também não seja bem-vindo aqui? Poderei construir uma realidade virtual que me empodere? Homens invisíveis podem ver seus próprios reflexos?».[16]

Hoje as questões de Hemphill perduram, ainda mais complicadas pelo fato de o «público» da internet não ser singular ou coeso, mas divergente e fractal. Além disso, o «espaço» do ciberespaço que Hemphill invoca mostrou não ser uma utopia universalmente compartilhada. Pelo contrário, é um espaço com muitos mundos e, dentro desses mundos, compreensões muito diferentes daquilo que a utopia poderia ser ou se tornar – e para quem. A internet é um edifício institucional imersivo, que reflete e envolve. Não há um ponto de entrada fixo: ela está em toda parte, ao nosso redor. Assim, a noção de «limiar» de Hemphill já expirou.

Essa busca por nossos «próprios reflexos» – quando nos reconhecemos dentro do material digital e do *black mirror*[17] elétrico que o carrega – está inextricavelmente ligada à busca de autorreconhecimento também fora da tela.

---

16 E. Hemphill, «On the Shores of Cyberspace», palestra apresentada na conferência *Black Nations/Queer Nations?*, City University of New York, 1995.

17 O vidro escuro dos dispositivos eletrônicos (celulares, tablets etc.). [N. T.]

Corpos outrizados se tornam invisíveis porque não podem ser lidos por um *mainstream* normativo e, portanto, não podem ser categorizados. Como tal, eles são apagados ou classificados incorretamente dentro e fora de uma designação algorítmica. Talvez, então, essa «terra do NOPE» da qual E. Jane fala em seu manifesto seja a própria utopia reivindicada por Hemphill, aquele solo sagrado em que nossos avatares digitais e eus AFK podem permanecer suspensos em um beijo eterno. Uma terra onde não esperamos acolhimento por parte daquelas forças que nos essencializam ou nos rejeitam, mas criamos segurança *para* nós na ritualização *de* nossa autocelebração.

Com isso, o digital se torna o catalisador de uma variação de autodomínio. E assim nós, «homens invisíveis», continuamos responsáveis por manifestar nossos próprios reflexos e, por meio da internet de hoje, podemos encontrar maneiras de nos espelhar. Dessa forma, nos empoderamos pela tarefa libertadora de aproveitar o imaginário digital como uma oportunidade, um local para construir e o material com o qual construir.

O glitch se manifesta com tamanha variação, gerando rupturas entre o *reconhecido* e o *reconhecível* e ampliando-se nelas, estendendo essas rupturas, que se transformam em fantásticas paisagens de possibilidades. É aqui que nos abrimos à oportunidade de nos reconhecermos e nos realizarmos, «refletindo» para nos *vermos* verdadeiramente enquanto nos movemos e nos modificamos. Judith Butler, filósofe e teórique de gênero, observa em seu *Discurso de ódio: uma política do performativo*: «Uma pessoa 'existe' não apenas em virtude de ser reconhecida, mas [...] sendo reconhecível».[18] Nós nos delineamos por meio de nossa

---

18   J. Butler, *Excitable Speech: A Politics of the Performative*. Nova York: Routledge, 1997, p. 5 [ed. bras.: *Discurso de ódio: uma política do performativo*, trad. Roberta Fabbri Viscardi. São Paulo: Ed. Unesp, 2021].

capacidade de sermos reconhecíveis; nós nos tornamos corpos quando nos reconhecemos e, olhando para fora, reconhecemos aspectos do nosso eu nas outras pessoas.

Ao ponderar sobre os «reflexos» no ciberespaço, Hemphill evidencia a falta deles dentro de um meio social mais amplo, além da prevalência limitada de tais «reflexos» tanto on-line quanto off-line. Se continuarmos a nos voltar para o normativo como ponto de referência central, sempre lutaremos para nos reconhecer. Em uma conversa entre a escritora Kate Bornstein e a artista, ativista e produtora trans Zackary Drucker, Bornstein observou: «Quando o gênero é binário, é um campo de batalha. Quando você se livra do binarismo, o gênero se torna um parque de diversões».[19]

A etimologia de *glitch* encontra suas raízes profundas no iídiche *gletshn* (deslizar, planar, escorregar) ou no alemão *glitschen* (deslizar). *Glitch* é, portanto, uma palavra ativa, que implica movimento e mudança desde o princípio; e esse movimento aciona o erro.

O termo *glitch*, conforme usamos e entendemos atualmente, começou a ser popularizado na década de 1960, como parte dos detritos culturais do florescente programa espacial estadunidense. Em 1962, o astronauta John Glenn usou a palavra em seu livro *Into Orbit* [Em órbita]: «Outro termo que adotamos para descrever alguns de nossos problemas foi 'glitch'. Literalmente, glitch [...] é uma mudança tão diminuta na voltagem que nenhum fusível poderia protegê-la».[20] A palavra ressurgiu alguns anos depois, em 1965, com o *St. Petersburg Times* relatando que

---

19   K. Bornstein em conversa com Z. Drucker, «Gender Is a Playground». *Aperture*, v. 229, inverno 2017, p. 29.

20   E. Siner, «What's A 'Glitch,' Anyway?: A Brief Linguistic History». *NPR*, 24 out. 2013. Disponível em: <npr.org>.

«um glitch alterou a memória do computador dentro da espaçonave estadunidense *Gemini 6*»; e ainda nas páginas da *Time Magazine*: «Glitches – a palavra de um astronauta para perturbações irritantes».[21] Mais tarde, em 1971, «glitches» aparece em um artigo no *Miami News* sobre a pane da *Apollo 14*, quando um glitch quase arruinou um pouso na Lua.

Percorrendo essas origens, podemos também chegar a uma compreensão do glitch como um modo de não performance: a «falha em representar», uma recusa total, um «*nope*» por direito próprio, habilmente executado pela máquina. Essa falha de desempenho revela que a tecnologia recua contra o pesado ônus da função. Por meio desses movimentos, a tecnologia, de fato, se torna escorregadia: vemos evidências disso em páginas sem resposta que nos apresentam o binarismo fatalista entre escolher «eliminar» ou «aguardar», a roda da morte colorida, a imagem do «Sad Mac»,[22] uma tela congelada – indicando um erro fatal do sistema.

Aqui reside um paradoxo: o glitch se move, mas o glitch também bloqueia. Incita o movimento e ao mesmo tempo cria um obstáculo. Alertas de falha e de prevenção de falha. Assim, o glitch se torna um catalisador, abrindo novos caminhos, permitindo-nos apreender novos rumos. Na internet, nós exploramos e nos envolvemos com novos públicos, e, sobretudo, *glitschen* (deslizamos) entre novas concepções de corpos e eus. Então, o glitch é algo que se estende além da mecânica tecnológica mais literal: ajuda-nos a celebrar o fracasso como uma força criadora, uma nova maneira de encarar o mundo.

---

21 Ibid.

22 Literalmente, «Mac triste». Imagem de alerta de erro nos computadores Macintosh antigos. [N. T.]

01 O GLITCH RECUSA

Em 2011, o teórico Nathan Jurgenson apresentou sua crítica ao «dualismo digital», identificando e problematizando a cisão entre individualidade on-line e «vida real». Jurgenson argumenta que o termo *IRL* («In Real Life») é uma falsidade hoje antiquada que implica dois eus (por exemplo, um eu *on-line* versus um eu *off-line*) que operam separadamente, inferindo assim que toda e qualquer atividade on-line carece de autenticidade e é divorciada da identidade de um usuário off-line. Então, Jurgenson defende o uso de *AFK* em vez de *IRL*, pois AFK significa uma progressão mais contínua do eu, que não termina quando um usuário se afasta do computador, mas avança para a sociedade longe do teclado.

O glitch atravessa esse ciclo, indo além da tela e permeando todos os cantos da nossa vida. Isso nos mostra que experimentar on-line não nos afasta de nossos eus AFK, nem nos impede de cultivar comunidades colaborativas, relevantes e complexas além de nossas telas. Ao contrário: a produção desses eus, as peles digitais que desenvolvemos e vestimos on-line, nos ajudam a entender quem somos com mais nuances. Assim, usamos o glitch como um veículo para repensar nosso eu físico. De fato, o próprio corpo é uma arquitetura que é ativada e então compartilhada como um meme para avançar a lógica social e cultural. Historicamente, o feminismo foi construído sobre esse atoleiro, primeiro defendendo a paridade, mas paradoxalmente nem sempre para todos os corpos, ou sem objetivos antissexistas, antirracistas, anticlassistas, anti--homofobia, antitransfobia e anticapacitistas centrais em sua agenda. Como movimento, a linguagem do feminismo – e, mais contemporaneamente, o feminismo como um «estilo de vida» – tem sido em grande parte codependente da existência do binarismo de gênero, trabalhando para a mudança apenas dentro de uma ordem social existente.[23] Isso é o que torna o discurso que rodeia o feminismo tão complicado e confuso.

*

A lendária construção do «ciborgue» pela teórica feminista Donna Haraway em «Manifesto ciborgue» de 1984 – a partir do qual tantas discussões sobre tecno e ciberfeminismo foram criadas – complica ainda mais nossa compreensão dos corpos. O ciborgue de Haraway argumenta de forma ativa contra o léxico do humano, uma classificação na qual corpos historicamente outrizados (por exemplo, pessoas não brancas, pessoas queer) há muito lutam para ser integrados. O retrospecto não falha. Em 2004, Haraway revisou seu manifesto, observando: «O corpo ciborgue não é inocente [...] nós somos responsáveis pelas máquinas [...]. A raça, o gênero e o capital exigem uma teoria ciborguiana do todo e das partes».[24]

Em 1994, a teórica cultural Sadie Plant cunhou o termo «ciberfeminismo». Como projeto histórico e como política em curso, o ciberfeminismo continua a ser um parceiro filosófico desse discurso sobre o glitch: ele olha para o espaço on-line como um meio de construção do mundo, desafiando a normatividade patriarcal de um «*mainstream* off-line». No entanto, a história inicial do ciberfeminismo refletiu a história inicial do feminismo AFK em sua reaplicação problemática de políticas feministas da primeira e segunda ondas dentro do que, naquele

---

23 b. hooks, *Feminism Is for Everybody: Passionate Politics*. Boston: South End, 2000 [ed. bras.: *O feminismo é para todo mundo: políticas arrebatadoras*, trad. Ana Luiza Libânio. Rio de Janeiro: Rosa dos Tempos, 2018].

24 D. J. Haraway, *The Haraway Reader*. Nova York: Routledge, 2004, p. 38 [ed. bras.: *Antropologia do ciborgue: as vertigens do pós-humano*. 2. ed. Belo Horizonte: Autêntica, 2009, pp. 97-8].

01 O GLITCH RECUSA

momento, já era uma cultura feminista de terceira onda bem encaminhada.

As primeiras ciberfeministas ecoaram a retórica feminista da primeira onda do AFK com sua fobia de alianças transnacionais. A face pública do ciberfeminismo era regularmente defendida e fetichizada como a de uma mulher branca – Sadie Plant, Faith Wilding, N. Katherine Hayles, Linda Dement, para citar algumas pioneiras – e encontrou apoio sobretudo no âmbito acadêmico das escolas de arte. Essa realidade demarcou o espaço digital como branco e ocidental, traçando uma equação: *mulheres brancas = produção de teoria branca = produção de ciberespaço branco*.

Essa paisagem ciberfeminista branca marginalizou pessoas queer, pessoas trans e pessoas racializadas com o objetivo de descolonizar o espaço digital por sua produção por meio de canais e redes semelhantes. Exceções como a Old Boys' Network, a SubRosa ou o VNX Matrix foram impactantes ao oferecer um discurso alternativo que reconhecia o racismo perifericamente ao lado do sexismo, mas a hipervisibilidade de rostos e vozes brancas em toda a cibercultura feminista demonstrou uma exclusão contínua, mesmo dentro dessa nova configuração «utópica».

Apesar disso, os primórdios do ciberfeminismo estabeleceram bases importantes para introduzir o tecnológico, o digital e até o cibernético como um imaginário computacional para o feminismo *mainstream*. Com o ciberfeminismo, as feministas poderiam começar a criar redes para teorizar e criticar on-line, transcendendo (ainda que temporária ou apenas simbolicamente) sexo, gênero, geografia. Com isso também veio uma consciência fundamental da maneira como o poder opera como agente do capitalismo dentro do edifício do espaço on-line, estimulado por agentes de criação tecnológica que moldam a forma como nós, na qualidade de pessoas usuárias, experimentamos os mundos digitais e suas políticas.

O feminismo é uma instituição por direito próprio. Em sua raiz está um legado de exclusão das mulheres Negras de sua fundação, um movimento que em grande parte se tornou exclusivo das mulheres brancas de classe média. Na raiz do feminismo inicial e da defesa feminista, a supremacia racial serviu às mulheres brancas tanto quanto aos homens, com o feminismo reformista – isto é, o feminismo que operava dentro da ordem social estabelecida em vez de resistir a ela – como uma atraente forma de mobilidade de classe. Isso ressalta a realidade de que «mulher» como uma atribuição de gênero que indica, pelo menos, um direito à humanidade nem sempre foi estendida a pessoas não brancas.

A «sororidade» feminista com o objetivo de expandir a classe branca e ampliar a mobilidade social, cultural e econômica é um exercício a serviço da supremacia – *apenas para mulheres brancas*. Esse é o lado feio do movimento, por meio do qual reconhecemos que, embora o feminismo seja um desafio ao poder, nem todas as pessoas tiveram sempre acesso igualitário a esse poder ou ao modo como ele deve ser usado para o progresso. *Progresso para quem?* É o que pergunta a abolicionista estadunidense, ativista pelos direitos das mulheres e escravizada liberta Sojourner Truth no discurso «E eu não sou uma mulher?» proferido em 1851 e que continua a ressoar dolorosamente até hoje, trazendo à tona a realidade sempre urgente de quem é considerada mulher e, por extensão, de quem é de fato reconhecida como plenamente humana.

À medida que percorremos os feminismos contemporâneos e as negociações de poder encarnadas pelo #BlackLivesMatter, pelo #MeToo, ou pela tradição da Marcha das Mulheres, devemos reconhecer que esses movimentos são definidos e impulsionados pela tecnologia, precursores de um futuro promissor e uma «quarta onda» potencialmente mais inclusiva que se desenrola no

01 O GLITCH RECUSA

horizonte. Ainda assim, os vestígios perigosos das histórias da primeira e da segunda onda permanecem. A escritora, ativista e feminista bell hooks pode ter declarado que «o feminismo é para todos», mas ainda resta um longo e sinuoso caminho pela frente até chegarmos lá.

Onde o *glitch* encontra o *feminismo* em um discurso que problematiza a construção do corpo, é importante chamar a atenção para a construção histórica do gênero em seu cruzamento com a construção histórica da raça. O corpo é uma ferramenta social e cultural. Por isso, o direito de definir o que é um corpo, além de quem pode controlar aquilo que chamamos de «corpo», nunca foi concebido de forma igualitária. Em uma paisagem contemporânea em que o termo «interseccional» é acionado com tanta facilidade, é importante reconhecer sobretudo o trabalho da negritude para o projeto do feminismo.

A indagação urgente de Sojourner Truth também pode iluminar o corpo queer em um espectro de identificação. Em um cenário contemporâneo, a linha de raciocínio de Truth pede o reconhecimento da humanidade e um futuro que celebre corpos racializados, corpos que se identificam como mulheres, corpos que abraçam o entre e o além, tudo como uma resistência ativa, um borrão estratégico do binarismo. Não podemos esquecer: foi, e continua sendo, a presença da negritude que ajudou a estabelecer um primeiro precedente para a noção de interseccionalidade dentro do feminismo. A *interseccionalidade* como termo foi cunhada em 1989 pela teórica e ativista Kimberlé Crenshaw para falar das realidades da negritude e de ser mulher como parte de uma experiência vivida, realidades que não se excluem mutuamente, mas operam de ambos os lados. A contribuição duradoura de Crenshaw reforça a base para o pensamento inicial que impulsionou a criação de espaço para a multiplicidade de eus dentro de um contexto social e cultural mais amplo, que ressoa hoje tanto on-line quanto AFK.

Como observa a artista e ciberfeminista alemã Cornelia Sollfrank: «O ciberfeminismo não se expressa em abordagens únicas e individuais, mas nas diferenças e nos espaços intermediários».[25] É nos entremeios que nós, como feministas glitch, temos encontrado nossa amplitude, nossos múltiplos e variados eus. Assim, o trabalho da negritude na expansão do feminismo – e, por extensão, do ciberfeminismo – continua sendo um precursor essencial para a política do glitch, criando novos espaços e redefinindo a face de um movimento, ampliando a visibilidade de corpos historicamente outrizados.

Podemos encontrar exemplos disso em textos como a trilogia *Xenogênese* escrita por Octavia Butler nos anos 1980, que galvaniza a noção de futuridade de um terceiro sexo que desafia o gênero binário. Ou a discussão de Audre Lorde sobre o erótico como poder em seu ensaio «Usos do erótico: o erótico como poder» (1978), que nos encoraja a descobrir toda a nossa amplitude por meio de uma autoconexão que proporciona alegria. Essas contribuições não surgiram do ciberfeminismo, mas o transformaram, expandiram e libertaram. Tal alquimia torna ilimitada a capacidade de mobilização do glitch.

Vamos revisitar as palavras de Whitman em nosso apelo à recusa:

> Contradigo-me?
> Muito bem, então me contradigo,
> (Sou vasto, contenho multidões.)

---

25 C. Sollfrank, «The Truth about Cyberfeminism». Disponível em: <https://obn.org/obn/reading_room/writings/html/truth.html>.

02
O glitch é cósmico

02 O GLITCH É CÓSMICO

*Quando formos todos poeira estelar, diremos   a mídia distorce
a percepção do público sobre   os corpos cósmicos*

... Não sou opaco. Sou tão relevante que estou desaparecendo.

Anaïs Duplan, «On a Scale of 1-10,
How 'Loving' do You Feel?»

Há muitas maneiras de pensar sobre o corpo. Quando o poeta, artista e curador Anaïs Duplan fala em «corpos cósmicos», ele faz uma curva singular. Essa corporalidade cósmica fornece percepções interessantes sobre a abordagem do corpo como uma estrutura arquitetônica. Quando encaramos o glitch como uma ferramenta, é útil considerar como essa ferramenta pode nos ajudar a entender melhor o corpo também como uma ideia.

O corpo é uma ideia cósmica, ou seja, «inconcebivelmente vasta». Embora as evidências da vida humana datem de cerca de 2,6 milhões de anos atrás, o Antropoceno é uma ideia recente e em curso. Estamos apenas começando a entender o que é o corpo, suas potencialidades e perspectivas para o futuro.

Corpo: palavra que constrói o mundo, cheia de potencial e, como o glitch, cheia de movimento. A palavra «encorpar», quando usada como verbo, é definida no Oxford Dictionary como «dar forma material a algo abstrato». Tanto no substantivo quanto na forma verbal, usamos *corpo* para dar forma à abstração, para identificar um todo amalgamado.

Todas as pessoas começam na abstração: corpos sem gênero, mas biologicamente sexuados que, conforme nos desenvolvemos, assumem uma forma generificada por meio da performance ou de acordo com construções de projeção social. Para desmaterializar – para mais uma vez

FEMINISMO GLITCH

abstrair – o corpo e transcender suas limitações, precisamos abrir espaço para outras realidades.

A internet é «um quarto só seu».[1] O crítico de arte Gene McHugh, em seu ensaio «The Context of the Digital: A Brief Inquiry Into Online Relationships» [O contexto digital: uma breve investigação sobre relacionamentos on-line], observa: «Para muitas pessoas que atingiram a maioridade como indivíduos e seres sexuais on-line, a internet não é um canto esotérico da cultura aonde as pessoas vão para fugir da realidade e brincar de faz de conta. A internet *é* a realidade».[2] Assim, a designação de pessoas «nativas digitais» tem sido aplicada à geração que não se lembra de nada além de uma vida entrelaçada com a internet.

McHugh observa a obra *Playground* (2013), da artista de vídeo e performer Ann Hirsch, como um exemplo de tais negociações relacionadas ao jogo, à realidade e à sexualidade na internet. A obra de Hirsch explora seu relacionamento virtual, como uma nativa digital pré-adolescente, com um homem mais velho durante um período em que o mundo off-line falhou em fornecer estímulo suficiente para sua livre exploração emocional, sexual e intelectual. Embora complicado em sua dinâmica, esse relacionamento virtual abriu novos caminhos para enriquecer a compreensão de Hirsch a respeito de seu corpo e sua política.

A aplicação da dicotomia on-line-versus-IRL na discussão do gênero ou de jogos sexuais on-line é

---

1 V. Woolf, *A Room of Ones's Own*. Nova York: Harcourt, Brace & Company, 1929 [ed. bras.: *Um quarto só seu*, trad. Júlia Romeu. Rio de Janeiro: Bazar do Tempo, 2021].

2 G. McHugh, «The Context of the Digital: A Brief Inquiry into Online Relationships», in O. Kholeif (org.), *You Are Here: Art After the Internet*. Manchester, UK: Cornerhouse, 2017, p. 31.

02 O GLITCH É CÓSMICO

profundamente falha. Tais limites estão vinculados a uma construção de «vida real» que encerra mundos de forma violenta em vez de expandi-los. A IRL vacila em sua suposição distorcida de que as construções de identidades on-line são latentes, fechadas e orientadas para a fantasia (por exemplo, *não* reais), e não explícitas, cheias de potencial e muito capazes de «seguir vivendo» longe do espaço do ciberespaço. Em vez disso, AFK como um termo funciona para minar a fetichização da «vida real», ajudando-nos a perceber que, como as realidades no digital ecoam off-line e vice-versa, nossos gestos, explorações, ações on-line podem informar e até aprofundar nossa existência off-line, ou AFK. E isso é poderoso.

Assim, o feminismo glitch dá peso aos eus que criamos por meio do material da internet. O feminismo glitch abre espaço para a realização de outras realidades, onde quer que nos encontremos. Como parte desse processo, um indivíduo não é apenas inspirado a explorar sua amplitude on-line, mas também pode ser movido a literalmente incorporar o digital como uma estética, borrando ainda mais a divisão entre corpo e máquina. A aplicação criativa AFK de um vernáculo estético mecânico na forma física apresenta uma virada performativa única.

A artista performática boychild exemplifica isso, incorporando o que o artista e escritor James Bridle chamou de «a Nova Estética» ao mesclar o virtual e o físico em sua prática criativa. Termo cunhado por Bridle em 2012, a Nova Estética é citada como «uma forma de ver que [...] revela uma indefinição entre 'o real' e 'o digital', [...] o humano e a máquina».[3] boychild performa roboticamente, com frequência nua, em performances inspiradas no butô e na marca registrada drag, a sincronização labial, com

---

3   J. Bridle, «#sxaesthetic», post no blog *Book Two*, 15 mar. 2012. Disponível em: <booktwo.org>.

uma luz brilhante emanando de sua boca pintada. Esse trabalho acena para a história da cibernética e para o surgimento da internet, evocando ao mesmo tempo a tactilidade da vida noturna queer.

Em uma conversa com a artista e colaboradora Wu Tsang, boychild explica: «A vida noturna é importante para o meu trabalho porque cria um espaço para a minha existência; nada contextualiza minha performance como esses lugares. É meu mundo, minha existência underground. Além disso, eu existo em um mundo que veio depois da internet [...] onde passei minha adolescência encontrando coisas. O underground existe na internet para mim».[4] boychild estabelece uma conexão entre o «underground» dos espaços noturnos, aqueles que permitem a experimentação e exploração de novas identidades, e a internet como parque de diversões, servindo a um propósito semelhante. Isso ressalta o papel da internet-como-cabaré, onde a performance de vanguarda, como o trabalho de boychild, se inicia e se apropria da cultura digital. Significativamente, podemos olhar para a década de 1990 como um momento marcado pela ascensão da cultura digital e do ciberfeminismo e por um aumento simultâneo do apagamento sistemático de espaços que acolhem a vida noturna queer nas principais cidades do mundo.[5]

As performances de boychild levantam questionamentos sobre o corpo-como-máquina e o modo como o afeto não binário pode ser negociado e expresso – até mesmo computado – via material mecânico. boychild comenta essa prática: «É como se o corpo físico se transformasse em um ciborgue [...]. É como um glitch; uma

---

4 H. Perlson, «Truth in Gender: Wu Tsang and boychild on the Question of Queerness». *SLEEK*, 29 out. 2014. Disponível em: <sleek-mag.com>.

5 E. Sasson, «Is Gentrification Killing the Gay Bar?». *GOOD*, 2 ago. 2019. Disponível em: <good.is>.

02 O GLITCH É CÓSMICO

coisa repetitiva acontece. E se move devagar, mas também rápido».[6] Por meio dessa virada ciborgue, boychild incorpora intencionalmente o erro, uma espécie de apreensão do sistema que toma emprestada da máquina uma resistência AFK.

A passagem de corpos em glitch entre o mundo underground da internet e uma arena AFK ativa a produção de uma nova cultura visual, uma espécie de *patois* biônico fluente para a pessoa nativa digital. Suspensas entre on-line e off-line, percorrendo eternamente esse ciclo, as pessoas nativas digitais imersas em uma realidade moldada pela Nova Estética permanecem desprovidas de pátria. Não há retorno ao conceito de «real», pois a prática digital e a cultura visual que surgiu dela reformularam para sempre a maneira como lemos, percebemos e processamos tudo o que acontece AFK. Essa diáspora digital, portanto, é um importante componente do glitch, pois significa que os corpos nesta era da cultura visual não têm um destino único, mas assumem uma natureza diversa, ocupando fluidamente muitos seres, muitos lugares, tudo ao mesmo tempo.

O escritor, poeta, filósofo e crítico Édouard Glissant define diáspora como «a passagem da unidade para a multiplicidade», explorando essas «partidas» dentro do campo individual, plausíveis apenas quando «a pessoa consente em não ser um único ser e tenta ser muitos seres ao mesmo tempo».[7] O feminismo glitch reaplica o «consentimento de não ser um único ser» de Glissant, fazendo um apelo ao alcance cósmico em que uma dispersão

---

6 R. Small, «boychild». *Interview Magazine*, 10 dez. 2014. Disponível em: <interviewmagazine.com>.

7 M. Diawara, «Conversation with Édouard Glissant aboard the Queen Mary II», ago. 2009. Disponível em: <liverpool.ac.uk/media/livacuk/csis-2/blackatlantic/research/Diawara_text_defined.pdf>.

pessoal e coletiva em direção à vastidão se torna uma abstração consensual.

O que a teórica Lisa Nakamura chama de «turismo» em *Cybertypes: Race, Ethnicity, and Identity on the Internet* [Cibertipos: raça, etnia e identidade na internet], descrito como «o processo pelo qual os membros de um grupo experimentam a dimensão dos descritores geralmente aplicados a pessoas de outro [grupo]», permanece uma limitação à forma como processamos o papel do digital no que se refere à identidade.[8] A noção de Nakamura de identidade na internet como uma identidade amplamente turística corrobora uma falácia digital dualista. Investindo em um devir cósmico, o feminismo glitch vê esses atos de experimentação como caminhos para o florescimento da individualidade. Talvez, embora inicialmente sob o anonimato quase sem rosto das plataformas on-line, a oportunidade de experimentar e testar diferentes eus capacite a apreensão de uma identidade pública mais integrada com um potencial radical.

Penso aqui em CL,[9] uma jovem feminista que produz zines como parte de sua prática criativa, que me contou que seu uso precoce de plataformas on-line como o LiveJournal e, anos depois, o Twitter a encorajou a testar os fundamentos e provar a si mesma *para* si mesma dentro de uma arena pública, brincando com linguagem, humor e representação, e percebendo como essas coisas eram recebidas pelos outros. A princípio ela viu a oportunidade de «ocultar a raça por um tempo» e «simplesmente estar» nessas plataformas; a ampla ausência de rosto do espaço digital forneceu uma neutralidade que aumentou sua confiança quando ela começou a ver que sua sagacidade

---

8 L. Nakamura, *Cybertypes: Race, Ethnicity, and Identity on the Internet*. Nova York: Routledge, 2002, p. 8.

9 Iniciais usadas para preservar o anonimato.

02 O GLITCH É CÓSMICO

feroz, seu ativismo feminista e sua visão de mundo eram bem recebidos por um público on-line. CL observa que foi por meio da internet que ela abraçou sua identidade como «uma garota Negra inteligente», uma percepção de si mesma que encontrou sua gênese primeiro on-line e depois assumiu a esfera AFK com maior propósito individual, apoio da comunidade e compreensão integral.

O eu falho, em glitch, está sempre em movimento. Essa jornada diaspórica do on-line para o off-line é um modo de partenogênese, uma reprodução sem fertilização – rachando, fundindo, emergindo. Essa é a rubrica para uma tecnologia política incorporada que interfere orgulhosamente, criando espaço para novos corpos e eus cósmicos.

FEMINISMO GLITCH

03
O glitch alfineta

03 O GLITCH ALFINETA

A ascensão meteórica à aclamação cultural e ao reconhecimento da autodefinida «ciborgue» e artista Juliana Huxtable nos últimos anos é importante e oportuna. Nos domínios da arte, música, literatura, moda, ela busca quebrar a rigidez dos sistemas binários. Criada em College Station, Texas, Huxtable nasceu intersexo e foi atribuída ao gênero masculino. Durante a década de 1990, em um momento em que a internet e a mitologia de sua utopia estavam em ascensão, Huxtable se identificou como homem, sob o nome de Julian Letton.

Em um ambiente cristão e conservador como o Texas, reivindicar uma identidade trans parecia inimaginável. No entanto, quando saiu de casa para frequentar a faculdade de artes liberais Bard, no norte do estado de Nova York, Huxtable entrou em um período que marcou um florescimento em seu senso de identidade, sobre o qual ela fala abertamente: «Eu sofri uma lavagem cerebral completa com toda aquela merda do Cinturão Bíblico [...] mas a internet se tornou uma forma de retiro. E isso me deu uma sensação de controle e liberdade que eu não tinha na minha vida cotidiana, porque vivia me sentindo odiada, envergonhada, presa e impotente. Tive muitos pensamentos suicidas».[1]

À medida que sua prática artística se expandia, o envolvimento de Huxtable com várias plataformas digitais – salas de reuniões, blogs, mídias sociais e além – aumentou a visibilidade de sua produção visual e escrita, criando a oportunidade de circular dentro e além do mundo da arte contemporânea. Ao mesmo tempo, imagens da própria Huxtable circulavam mimeticamente. Um GIF que viralizou on-line, emocionando pelo eterno ciclo de afeto digital, cita a reação de Huxtable à pergunta: «Qual é a alfinetada

---

1 A. Sargent, «Artist Juliana Huxtable's Bold, Defiant Vision». *Vice*, 25 mar. 2015. Disponível em: <vice.com>.

57

mais desagradável já feita?», à qual ela responde: «Existir no mundo».

A trienal de 2015 do New Museum, na cidade de Nova York, levou o poder da presença criativa de Huxtable a novos patamares. O corpo nu e em repouso de Huxtable foi o tema da escultura plástica *Juliana* (2015) digitalizada em 3D pelo artista Frank Benson. A estátua de Benson é uma homenagem a Huxtable e uma «resposta pós-internet à [...] escultura grega *Hermafrodita adormecido* [...] como aquela obra de arte antiga, a pose nua de Huxtable revela partes do corpo de ambos os sexos».[2] Benson torna contemporânea sua interpretação do clássico, com Huxtable apoiada em um braço, o outro estendido em um gesto de mão iogue, um «mudra», e a figura pintada de verde-metálico.

No espaço da galeria, a escultura de Benson retratando Huxtable foi posicionada ao lado de quatro impressões a jato de tinta da obra de Huxtable, dois autorretratos e dois poemas – ambos intitulados *Untitled (Casual Power)* [Sem título (poder casual)] – que fazem parte da série de 2015, *Universal Crop Tops for all the Self Canonized Saints of Becoming* [Croppeds universais para santes autocanonizades do futuro]. O título da série é uma celebração da transformação, do devir, significando uma jornada cósmica em direção a novos cânones mais inclusivos e, por extensão, eus. Os autorretratos, intitulados respectivamente *Untitled in the Rage (Nibiru Cataclysm)* [Sem título na raiva (cataclismas Nibiru)] (2015) e *Untitled (Destroying Flesh)* [Sem título (carne destruidora)] (2015), mostram a artista como um avatar da nação nuwaubiana, pintada em um retrato em violeta neon e no outro, em um verde alienígena. Os poemas que acompanham as impressões dos retratos vagam pelo passado, presente e futuro,

2   Ibid.

03 O GLITCH ALFINETA

com meditações tecnicolor sobre uma ampla gama de assuntos: mudanças climáticas, COINTELPRO,[3] reparações Negras, santidade. Nesses textos, Huxtable evoca Octavia Butler, Angela Davis, Aaliyah e o «surrealismo da periferia» de Hype Williams, que dirigiu muitos dos videoclipes de estrelas pop e R&B Negras dos anos 1990.

Em conversa com a artista Lorraine O'Grady, Huxtable reflete sobre a experiência de mostrar seu trabalho – e seu corpo, por meio da escultura de Benson – na trienal:

> Eu tinha uma sensação crescente de ansiedade [...]. A performance me ofereceu uma maneira poderosa de lidar com questões de autoapagamento ou presença, seduzindo o público com a ideia de que estou atuando para permitir que eles consumam minha imagem ou meu corpo – e, em última análise, recusem isso. Textos, vídeos e todas essas mídias se tornam modos de abstração da presença ou formas de me abstrair no presente. E assim, agora, a performance parece uma maneira de lidar com o tipo de consequência de um momento cultural.[4]

O exercício de Huxtable de «abstração da presença» ou «me abstrair» como uma forma de performatividade – entre on-line e AFK – cruza com as ambições cósmicas do feminismo glitch de abstrair o corpo como um meio de ir além de suas limitações convencionais. Em sua fama, Huxtable exerce regularmente uma «visibilidade necessária», optando por tornar seu corpo cósmico visível por

---

3   Acrônimo, em inglês, para Counter Intelligence Program, isto é, Programa de Contrainteligência do governo dos Estados Unidos. [N. T.]

4   «Introducing: Lorraine O'Grady and Juliana Huxtable, Part 1». Museum of Contemporary Art, primavera 2019. Disponível em: <moca.org>.

meio da documentação contínua de si mesma on-line, sobretudo no Instagram.[5] Ela explica: «a internet e especificamente as redes sociais se tornaram meu principal meio de explorar aptidões que não teriam espaço em outro contexto».[6]

Para Huxtable, como acontece com muitas outras pessoas que usam o espaço on-line como um local para re-apresentar e re-interpretar suas identidades de gênero, a «internet representa [...] uma 'ferramenta' para a organização feminista global [...] [e] uma oportunidade de ser protagonista [...] na própria revolução». É também um «'espaço seguro' [...] uma maneira de não apenas sobreviver, mas também de resistir a regimes repressivos de sexo/gênero»[7] e à normatividade antagônica do *mainstream*.

A própria Huxtable é um glitch – e um glitch poderoso. Com sua própria presença, Huxtable alfineta: ela encarna a problemática do binarismo e o potencial libertador do gênero embaralhado, abraçando a amplitude possível de cada pessoa. Esses corpos cósmicos causam o glitch, ativando a produção de novas imagens que «criam [...] [um] futuro como prática de sobrevivência».[8] O glitch é uma chamada e resposta à declaração de ser de

---

5 Para ressituar um termo cunhado pelo curador e escritor Taylor LeMelle no contexto de «Technology Now: Blackness on the Internet», programa organizado por Legacy Russell que aconteceu no Institute of Contemporary Arts e contou com a participação de Rizvana Bradley, Taylor Le Melle, e Derica Sheilds. Este programa foi apresentado durante a exposição «Wandering/WILDING: Blackness on the Internet» organizada por Legacy Russell na ɪᴍᴛ Gallery, Londres, apresentada em colaboração com o Institute of Contemporary Arts, Londres, 2016.

6 P. Collins, «Petra Collins Selects Juliana Huxtable». *Dazed Digital*, 8 jul. 2014. Disponível em: <dazeddigital.com>.

7 J. Daniels, «Rethinking Cyberfeminism(s): Race, Gender, and Embodiment», in M. Wyer et al. (orgs.), *Women, Science and Technology: A Reader in Feminist Science Studies*. Nova York: Routledge, 2001, p. 365.

8 T. M. Campt, *Listening to Images*. Durham, ɴᴄ: Duke University Press, 2017, p. 114.

03 O GLITCH ALFINETA

Huxtable, aquela «alfinetada» de «existir no mundo», perdurando como a forma «mais desagradável» de recusa.

Em uma paisagem global distópica que não abre espaço para nós, não oferece santuário, o simples ato de viver – sobreviver – em face de uma hegemonia racializada e de gênero torna-se singularmente político. Nós somos pessoas que escolheram permanecer vivas, contra todas as probabilidades, porque nossas vidas importam. Somos pessoas que escolheram nos apoiarmos mutuamente na vida, pois o ato de permanecer vivas é uma forma de construção de mundo. Esses mundos são nossos para criar, reivindicar, desbravar. Nós viajamos fora da estrada, longe da demanda de ser apenas «um único ser». Lutamos para conter multidões contra a corrente de uma codificação cultural que encoraja a singularidade do binário.

Glitching é um gerúndio, uma ação em andamento. É o ativismo que se desdobra com uma extravagância sem limites.[9] No entanto, há uma tensão irrefutável implícita nessa jornada: o corpo em glitch é, de acordo com Florence Okoye, designer de experiência da pessoa usuária, programadora e fundadora do coletivo @Afrofutures_UK, «simultaneamente observado, vigiado, rotulado e controlado, ao mesmo tempo invisível para as estruturas ideativas, criativas e produtivas do complexo tecnoindustrial».[10]

Somos pessoas vistas e despercebidas, visíveis e invisíveis. Ao mesmo tempo erro e correção para a

---

9   O corpo em glitch é um corpo que desafia as hierarquias e estratos da lógica, é orgulhosamente sem sentido e, portanto, perfeitamente sem sentido. Penso aqui nos «Fifty-eight Indices on the Body» do filósofo Jean-Luc Nancy, Indice 27, no qual ele reflete: «Os corpos produzem sentido além do sentido. Eles são uma extravagância de sentido». In J.-L. Nancy, *Corpus*, trad. Richard Rand (Nova York: Fordham University Press, 2008) p. 153.

10   F. Okoye, «Decolonising Bots: Revelation and Revolution through the Glitch». *Het Nieuwe Instituut*, 27 out. 2017. Disponível em: <botclub. hetnieuweinstituut.nl>.

«escravização mecânica» da mente hétero, o glitch revela e oculta simbioticamente.[11] Assim, a ação política do feminismo glitch é a chamada para a coletivização da rede, amplificando nossas explorações de gênero como forma de desconstruí-lo, «reestruturando as possibilidades de ação».[12]

Na obra de Sin Wai Kin, artista e drag queen que vive em Londres, podemos ver essa reestruturação habitada. Designada como pertencente ao sexo feminino no nascimento, Sin se identifica como pessoa não binária e queer, um corpo que amplifica o gênero em sua reinterpretação, tanto on-line via Instagram quanto AFK. No palco – no mundo ou no tecido sedutor do digital –, Sin brinca com as armadilhas do gênero. As personas *drags* de Sin permanecem incisivamente *high femme*,[13] os diferentes eus que elas representam ressaltam a produção sociocultural da feminilidade exagerada como um tropo, ritual e exercício de gênero.

Sin veste o gênero como prótese. Uma homenagem a uma extensa história performática do drag masculino/feminino e do *genderfucking*,[14] o figurino de Sin é repleto de inserções de seios e nádegas, uma peruca suntuosa, maquiagem dotada de um verdadeiro talento artístico e um vestido brilhante arrebatador. A estética de Sin é um coquetel evocativo e hipnotizante, que tece com sátira e perícia a arrogância sensorial do cabaré, o burlesco do

---

11   M. Lazzarato, *Signs and Machines: Capitalism and the Production of Subjectivity,* trad. Joshua David Jordan. Los Angeles: Semiotext(e), 2014, pp. 18, 26.

12   Ibid.

13   Performance queer caracterizada por expressões intencionalmente exageradas ou estereotipadas do feminino. [N. T.]

14   Ato de subverter o binarismo de gênero combinando elementos visuais generificados de forma inusitada. [N. T.]

FEMINISMO GLITCH

glamour vintage de Hollywood – tudo com uma pitada de Jessica Rabbit.

No AFK, as performances de Sin como avatar drag e alter ego ocupam espaço com curvas, contornos e composições exagerados dos quais os corpos que se identificam como mulheres são muitas vezes forçados a abrir mão. Esse é um lembrete impressionante de que a produção de gênero é, na melhor das hipóteses, um agenciamento. É surreal, no sentido de um sonho, e «repleto de outros corpos, peças, órgãos, partes, tecidos, rótulas, anéis, tubos, alavancas e foles».[15] On-line, no Instagram, Sin ocupa um vernáculo pop semelhante aos tutoriais de maquiagem do YouTube, expondo deliberadamente as costuras de sua preparação de gênero, compartilhando vídeos e fotografias do que em geral seriam os bastidores. Na apresentação altamente estilizada de sua individualidade construída, vemos Sin tornando-se seu avatar através do brilho da drag digital, onde a internet oferece o espaço do cibercabaré. Sin costura imagens de *antes* e *depois* de si, enquanto monta seu «rosto», com comentários cortantes e humor que inspiram admiração e provocam questionamentos sobre a forma como lemos os corpos e por quê. Nesses gestos, Sin é ao mesmo tempo super-humane, extra-humane e pós-humane. Sin também celebra «mulher» como aprisionamento e armadilha, a trapaça do próprio gênero ressaltada como um agente sedento do capitalismo, em pontos suavemente divinos, ainda que violentamente desorientadores.

Sin é um glitch e, em sua falha, alfineta. Seu corpo destrói a ilusão superficial de qualquer harmonia ou equilíbrio que possam ser oferecidos dentro do sugestivo binarismo masculino/feminino. A hiperfeminilidade de Sin é uma encenação e uma glorificação. Sin brinca com

---

15 Nancy, «Fifty-eight Indices on the Body», Índice 23, op. cit., p. 150.

03 O GLITCH ALFINETA

e desafia o que Judith Butler identifica como «um homem em seu estereótipo [...] uma pessoa incapaz de lidar com sua própria feminilidade», bem como o inverso, espelhando o estereótipo feminino, como, talvez, um corpo «incapaz de lidar» com sua masculinidade.[16]

Nesse sentido, o modelo de enfrentamento de Sin é complexo. Por um lado, a drag de Sin apaga o corpo material por meio da amplificação do artifício de gênero, reduzindo-o ao ridículo e minando qualquer suposição de gênero como algo absoluto. Por outro lado, a drag de Sin aponta para o dilema do próprio corpo ao celebrar seu corpo queer como necessariamente visível, fantasticamente feminino, maior que a vida, e tão extremo em sua existência que se torna impossível de ignorar, um confronto calculado, vasto em impacto.

A alfinetada de Sin é como uma pele: protetora, mas permeável, e uma representação emocionante da forma como o futuro do corpo político pode ser algo emancipatório em seu erro intencional. Aqui vemos uma rachadura no brilho do consumo capitalista do gênero-como-produto. Aqui, uma metade do gênero binário está devorando a outra, um feito deslumbrante com o qual nos deleitarmos. Como feministas glitch, nos juntamos a Huxtable e Sin aqui, em um «alcance do inefável».[17] Mediante a recusa, pretendemos desconstruir e desmaterializar a ideia do corpo enquanto nos movemos no tempo e no espaço, como formas selvagens que se constroem rumo a futuros ainda mais selvagens.

---

16   J. Butler e B. Preciado, *Têtu*, entrevista de 2008 para a revista, traduzida por Ursula Del Aguila para *Las Disidentes*, 20 abr. 2012. Disponível em: <lasdisidentes.com>.

17   Excerto da palestra de Toni Morrison no Prêmio Nobel de 1993. T. Morrison, «Toni Morrison: Nobel Lecture», in S. Allén (org.), *Nobel Lectures in Literature: 1991–1995*. Estocolmo/Hackensack, NJ: Swedish Academy/World Scientific, 1997.

FEMINISMO GLITCH

04
O glitch dá ghost

FEMINISMO GLITCH

04 O GLITCH DÁ GHOST

Imagine ser inútil.

Richard Siken, «Seaside Improvisation»

«Dar ghost», por definição, é terminar um relacionamento encerrando toda a comunicação e, posteriormente, desaparecendo.

Como feministas glitch, queremos «dar ghost» no corpo binário.

Gênero é uma economia de escala: é um modo de regulação, gestão e controle. Permite a reificação do processo, a divisão do trabalho e a troca de valores sob a égide do capitalismo. Para dar ghost no corpo binário, para abandoná-lo como uma ideia fracassada, é preciso dar um passo para trás e olhar o mundo como um corpo, um agenciamento que foi construído. O corpo, como o mundo, é uma ferramenta em si.

Dar ghost no corpo binário é um processo triplo:

Primeiro, exige que percebamos que a relação entre a *ideia de corpo* e o *gênero como uma construção* é uma relação prejudicial da qual precisamos escapar.

Segundo, exige que identifiquemos nosso arbítrio para consentir ou recusar nosso atual «status de relacionamento». Muitas vezes nos esquecemos de que *temos o direito de ir embora se quisermos*. Temos o direito de negar nosso uso e, com isso, estancar as feridas abertas por um mundo alimentado pela retórica binária.

FEMINISMO GLITCH

Terceiro, exige que reivindiquemos nossa gama contínua de eus multitudinários. À medida que falhamos em nos assimilar a uma cultura binária, fazemos isso afirmando todos os nossos componentes – o masculino, o feminino e tudo o que está entre eles – como parte de uma narrativa contínua, e não como pontos polarizados.

A economia de escala de gênero aparece com mais destaque nas discussões em torno do «*big data*». Por exemplo, a cada 48 horas on-line, nós, como comunidade global, geramos a mesma quantidade de informação que foi gerada na história escrita desde o início da civilização até 2003.[1] Esses dados que geramos desencadeiam questões monumentais sobre vigilância em massa e a forma como as informações atreladas aos nossos eus digitais podem ser usadas para rastrear todos os nossos movimentos. Nossos históricos de busca na internet, hábitos em rede social e modos de comunicação on-line – o que o sociólogo David Lyon chama de «fragmentos factuais» – expõem nossos mais íntimos pensamentos, ansiedades, planos, desejos e objetivos.[2] O binarismo de gênero é parte desse mecanismo: um corpo lido on-line como macho/fêmea, masculino/feminino atende a determinada demografia considerada público-alvo de campanhas de publicidade e marketing. O Google Ads explica alegremente aos usuários: «Com a segmentação demográfica no Google Ads, você pode alcançar um grupo específico de clientes em potencial que provavelmente têm características similares de faixa etária, gênero, status parental ou renda familiar. Por exemplo, se você administra uma

---

1 M. G. Siegler, «Eric Schmidt: Every Two Days We Create as Much Information as We Did Up to 2003». *TechCrunch*, 5 ago. 2010. Disponível em: <techcrunch.com>.

2 D. Lyon, *Surveillance Society: Monitoring Everyday Life*. Buckingham, UK: Open University Press, 2012, p. 2.

04 O GLITCH DÁ GHOST

academia de ginástica exclusivamente para mulheres, a segmentação demográfica ajuda a evitar que seus anúncios sejam exibidos para homens».[3]

Lyon identifica os «corpos desaparecidos» como um «problema básico da modernidade», citando que o aumento da vigilância tem correlação direta com as «crescentes dificuldades da vigilância incorporada que vigia os corpos visíveis». Isso nem sempre se restringe ao monitoramento fácil de um eu físico, mas também inclui o rastreamento de «vestígios pessoais»,[4] como quando usamos nossos cartões bancários, o levantamento de nossos dados de viagem, nossos sinais de celular. O conceito de corpos desaparecidos de Lyon se comunica com a realidade de um mundo que está cada vez mais em rede, onde a troca e a interação on-line são agora tão ou mais comuns do que a interação física AFK. Na internet, nós vamos ao banco, pagamos nossos empréstimos estudantis, falamos com nossos amigos, lemos notícias e aprendemos sobre o mundo.

Com esses vários modos de engajamento on-line, deixamos nossos rastros espalhados pelo cenário digital, vulneráveis para serem rastreados e negociados com fins lucrativos. Isso apresenta um paradoxo sombrio e moderno: à medida que os corpos desaparecem nas interações cotidianas da internet, aquilo que poderíamos ter assumido como inerentemente privado – nossos corpos físicos – corre o risco de se tornar cada vez mais público, os fragmentos abstratos de nossos eus on-line fazendo movimentos independentes daqueles escolhidos por nossa própria vontade.

De que forma o ghosting no corpo binário pode nos ajudar a manter seguros nossos fragmentos factuais

---

3 «About Demographic Targeting». Google Ads Help.Disponível em: <support.google.com/google-ads/answer/2580383>.

4 Lyon, *Surveillance Society*, op. cit., p. 15.

enquanto lutamos para preservar nossos corpos abstratos, nossos eus cósmicos?

As tentativas de dividir o corpo em partes autônomas têm um longo legado. No entanto, o feminismo glitch exige que adotemos uma nova perspectiva, através da visão de outro fantasma – o fantasma na máquina. A continuidade entre o autodomínio on-line e o AFK problematiza a proposição do dualismo digital. Com isso em mente, podemos aprofundar ainda mais nossa compreensão do dualismo digital voltando à ideia do «fantasma na máquina», termo cunhado pelo filósofo Gilbert Ryle em 1949.

O *fantasma na máquina* pressupunha que a mente e o corpo eram de algum modo entidades separadas operando de forma autônoma. Os críticos dessa posição apontaram que o «fantasma» de nossas mentes não deve ser distinguido da «máquina» de nossos eus físicos, pois o laço entre os dois é um componente crucial daquilo que nos torna humanos – é o que nos dá vida. A artista Cécile B. Evans «argumenta que na sociedade atual, em que drones são usados para guerra e relacionamentos românticos começam on-line, já não podemos distinguir entre o chamado real e o virtual».[5]

À medida que o corpo em seu contexto contemporâneo e as máquinas que ele mobiliza se tornam cada vez mais difíceis de emendar, temos a oportunidade de ver que a máquina é um material por meio do qual processamos nossa experiência corporal. E, como tal, os corpos que navegam no espaço digital são tão computacionais quanto feitos de carne. Ainda assim, o movimento de nossos dados dentro de uma economia de gênero não é autodeterminado. No mundo em que vivemos hoje, um corpo que recusa o binarismo é regularmente lembrado de que,

---

5 «Cécile B. Evans: The Virtual Is Real». *HuffPost*, 4 ago. 2017. Disponível em: <huffpost.com>.

estando no meio, corre o risco de deixar de existir em sua incapacidade de ser reconhecido e categorizado pela hegemonia normativa do *mainstream*.

Então, o que é um corpo? O artista e escritor Rindon Johnson reflete a respeito disso em seu ensaio «What's the Point of Having a Body?» [Qual é o sentido de ter um corpo?] (2019), perguntando: «Qual é o sentido de ter um corpo se eu teoricamente poderia criar ou entrar em tantos outros?».[6] Johnson reflete sobre o eu «maleável» como uma forma de linguagem que pode ensinar, aprender, significar, codificar. Johnson, ele próprio um poeta, cria uma ligação entre poesia e realidade virtual a partir de mapas de realidade virtual para a imersão experiencial do corpo: «Quanto mais você está dentro da [realidade virtual], quanto mais você lê [essa realidade], mais fácil é desaparecer rapidamente dentro dela».[7]

Talvez, então, enquanto trabalhamos no intuito de dar ghost no corpo binário, também trabalhemos para nos dissolver, fazendo desaparecer completamente as fronteiras que delineiam onde começamos e terminamos, e os pontos onde tocamos e entramos em contato com o mundo. Nesse processo, talvez nossos fragmentos factuais possam ser embaralhados, tornados ilegíveis. Se hoje a existência dentro de uma cultura hegemônica exige o binarismo de gênero para o delineamento do eu e até mesmo para o reconhecimento na categoria de humano, deixar de existir dentro de uma estrutura de gênero seria, então, o mais hábil dos atos de desaparecimento? Ao rejeitar o gênero binário, podemos desafiar a forma como nossos dados são coletados e, por sua vez, a

---

6   R. Johnson, «What's the Point of Having a Body?». *DazedDigital*, 6 mar. 2019. Disponível em: <dazeddigital.com>.

7   Ibid.

forma como nossos dados se movem? *Podemos nos tornar inúteis também?*

A pergunta «O que é um corpo?», na medida em que se cruza com nossa reflexão sobre as maneiras de dar ghost no corpo binário, apresenta-se *como uma questão de devir*. Quando nos tornamos, nós mudamos de forma, aprofundamos, evoluímos, conforme deixamos o edifício de uma arquitetura de gênero. Assim, nosso movimento – nossa capacidade de dar ghost na ideia do corpo, afastando-se dele – é um componente-chave do devir. O movimento do ghosting produz um vazio criador que abre espaço para novas alternativas. *Tornar-se* levanta questões sobre quem somos, quem gostaríamos de ser e desencadeia uma interrogação espacial dos limites e de como podemos ultrapassá-los. Também nos leva a explorar a experiência do toque de maneiras que podem nos transformar. A teórica e crítica feminista Negra Hortense Spillers observa: «A questão do toque – estar à mão sem mediação ou interferência – pode ser considerada a porta de entrada para a experiência e a troca de mutualidade mais íntimas entre sujeitos [...] [é] a ausência de autopropriedade».[8]

Essa «ausência de autopropriedade» *é* o consentimento em não ser um único ser, é abraçar uma corporeidade cósmica. A experiência digital é definida por um toque que rompe limites; ela «não é uma realidade inexistente, porque a vivemos, a sentimos, podemos ser transformadas por ela».[9] Enquanto nos envolvemos com

---

8 H. Spillers, «To the Bone: Some Speculations on Touch, Hortense Spillers», fala apresentada na conferência «Hold Me Now – Feel and Touch in an Unreal World» organizada pela Gerrit Rietveld Academie no Stedelijk Museum, Amsterdã, 23 mar. 2018. Disponível em: <youtube.com/watch?v=AvL4wUKlfpo>.

9 Johnson, «What's the Point of Having a Body?», op. cit.

o digital, ele nos encoraja a desafiar o mundo ao nosso redor e, por meio dessa reparação e provocação, mudar o mundo como o conhecemos, estimulando a criação de mundos inteiramente novos.

Quando rejeitamos o binário, nós rejeitamos a economia que o acompanha. Quando rejeitamos o binário, nós desafiamos o modo como nos valorizam em uma sociedade capitalista que atrela nosso gênero ao trabalho que executamos. Quando rejeitamos o binário, nós reivindicamos a inutilidade como uma ferramenta estratégica. Inúteis, nós desaparecemos, dando ghost no corpo binário.

FEMINISMO GLITCH

05
O glitch
é erro

«por favor deixe de seguir esta conta se reparar as pessoas negras estadunidenses não está no topo da sua lista de prioridades políticas para os EUA sem interesse em respostas obg»

05 O GLITCH É ERRO

Excuse, names like teethmarks

Yusef Komunyakaa, «Fever»

Um glitch é um erro. As falhas são difíceis de nomear e quase impossíveis de identificar até o instante em que se revelam: um acidente desencadeando alguma forma de caos. On-line e off-line, as caixas que selecionamos, os formulários que preenchemos, os perfis que construímos – nada é neutro. Nós marcamos com um x cada parte nossa.

Sempre que optamos pelo preenchimento automático do formulário na próxima vez, nós participamos de um ato de nomeação, o processo de nos identificarmos dentro de algoritmos sociais e culturais altamente conectados. Estamos dentro da máquina e todos os dias fazemos uma escolha entre nos roubar ou não. Somos frequentemente cúmplices do roubo individual de nossos próprios dados pessoais. Isso está prestes a se tornar uma das maiores crises existenciais compartilhadas de nosso tempo.

O corpo é um texto: cada vez que nos definimos, nós escolhemos definições – nomes – que reduzem as maneiras como nossos corpos podem ser lidos. Isso é agridoce, uma proposta linda que muitas vezes termina em tragédia. As coisas que tornam nossa vida «mais fácil» – quando nossa plataforma digital favorita parece nos conhecer melhor do que a gente, sugerindo um aplicativo em um anúncio que promete economizar dinheiro, fazer amigos, restituir o tempo perdido – são as mesmas coisas que perpetuam o binarismo de gênero. A máquina antecipa prontamente os detritos culturais e vernaculares que brotam do peso de um pronome e nos alimenta com o vestido ou o sapato perfeitos mesmo quando não queremos.

Erros, sempre imprevisíveis, trazem à tona o inominável, apontam para um desconhecido selvagem. Tornar-se um erro é se deixar tornar algo desconhecido, irreconhecível, sem nome. Novos nomes são criados para descrever erros, capturando-os e fixando suas margens para análise. Tudo isso é feito na tentativa de manter as coisas funcionando; esse é o conceito de linguagem, no qual as pessoas presumem que, se podem encontrar uma palavra para descrever alguma coisa, esse é o começo do seu controle sobre essa coisa.

Mas os erros são fantásticos justamente por isso, muitas vezes eles contornam o controle, sendo difíceis de replicar e, portanto, difíceis de reproduzir para que sejam solucionados. Erros trazem novos movimentos para o espaço estático; esse movimento dificulta a visualização do erro, mas torna sua interferência sempre presente. A descolonização do corpo binário exige que permaneçamos em movimento perpétuo; corpos acidentais que, em seu erro, recusam a definição e, como tal, desafiam a linguagem. Forçando o fracasso das palavras, nos tornamos impossíveis. Impossíveis, não somos passíveis de nomeação.

O que é um corpo sem nome? Um erro.

Desaparecer entre as caixas marcadas, falhar nas formas, estrangular a previsibilidade do jogo automático: nós precisamos examinar o ato de nomear e o papel que esse ato desempenha na reificação do gênero conforme é produzido, embalado e entregue. Quando estamos entre as caixas, as coisas começam a escorregar e deslizar; começamos a desaparecer. Esse estado de opacidade é um erro pronto para ser colhido, um glitch urgente e necessário.

Florence Okoye nos lembra: «O invisível pode manipular o comportamento recursivo [da máquina], forçando os autômatos a regurgitar, amplificar e perpetuar

05 O GLITCH É ERRO

o glitch pelos alcances exponenciais da rede».[1] Assim, apreendendo nossa inutilidade, nós dificultamos a leitura do nosso corpo. Vagando no entremeio, nos tornamos dados perigosos. Nesse feliz fracasso, reconstituímos a realidade.

Em seu poema «A PIECE OF WRITING THAT WON ME $200 IN EIGHTH GRADE» [Um texto que me rendeu $200 na oitava série], o escritor, poeta e artista manuel arturo abreu reflete:

> Eu sou um hiperlink, uma bandeira para um país falso. Você olha para mim e me diz o que eu sou. Eu me torno o que você me chama. Carrego esses devires. Eu não sou macho. Você me chama de homem. Eu não sou Outro. Você me chama de Outro. Eu carrego todos os nomes que me deram.[2]

Nós realmente carregamos «todos os nomes» que nos são dados, mesmo quando não os queremos. Ao longo dos anos em que usei Luvpunk12 como meu avatar on-line, no AFK, ingenuamente eu prendi e desprendi meus seios com fita adesiva, imaginando se talvez o que era ou não visível me ajudaria a contornar e escapar do «sofrimento [que vem] da condição de ser endereçável», de ser chamada, definida, nomeada.[3]

---

1 F. Okoye, «Decolonising Bots: Revelation and Revolution through the Glitch». *Het Nieuwe Instituut*, 27 out. 2017. Disponível em: <botclub. hetnieuweinstituut.nl>.

2 m. a. abreu, *List of Consonants*. Morongo Valley, CA: Bottlecap, 2015, p. 53.

3 «Não faz muito tempo estive numa sala em que alguém perguntou a filósofe Judith Butler o que tornava a linguagem ofensiva. Pude sentir que todos prestavam atenção. O nosso próprio ser nos expõe ao endereçamento do outro, Butler disse. Nós sofremos com a condição de sermos endereçáveis, com o que Butler quis dizer, acredito, que não há como evitar os paus e as pedras das palavras dos outros. A nossa abertura emocional, acrescentou Butler, depende, em seus dois significados, da nossa

Em casa eu andava sem camisa sentindo-me empoderada, até que um dia meu pai me lançou um olhar penetrante e então se virou para minha mãe, perguntando: «Legacy tem *seios* agora? De onde *eles* vieram?». De repente, havia algo em meu peito. Aquelas duas pequenas colinas que agora parecem duas luas novas, aprofundando a tese violenta da juventude. Naquele momento eu desejei poder desaparecer, deixar de existir.

Ser mulher era isso? Mas, em vez de desaparecer, eu escolhi ocupar espaço. Na mesma morte que alcancei por meio desse ato de me marcar, de me nomear, veio um desafio: *ser vasta, prosperar, me autodefinir.*

Sim, como abreu observa, *nós somos de fato hiperlinks*, signos e significantes esperando para ser clicados, decodificados, consumidos. Quando nomeamos corpos em um esforço para torná-los úteis, nós destruímos mundos, em um processo de codificar e demarcar territórios, limitando a capacidade do mundo ao nosso redor e nossa agência dentro dele. Nós podemos incorporar o erro encontrando novas maneiras de nos autodefinir, reivindicando o ato de nomear para nós. Nós dobramos o ato de nomear, encaixando novas formas por meio do processo de nomear e renomear, o abraço de uma elasticidade poética que recusa o nome como algo estático ou definitivo. Incorporar o erro – um fracasso prazeroso que tudo consome dentro de um sistema que nunca nos quis e que não abrirá espaço para nós se simplesmente esperarmos por ele – força ainda mais as estruturas do binarismo de gênero na direção de um ponto de ruptura. Dentro desse quebrantamento beatífico e à medida que viajamos para além dele, perguntamos: *E agora? Para onde ir a partir daqui?*

---

capacidade de endereçamento. A língua navega nisso». C. Rankine, *Citizen: An American Lyric*. Londres: Penguin, 2015, p. 49 [ed. bras.: *Cidadã: uma lírica americana*, trad. Stephanie Borges. São Paulo: Jabuticaba, 2021].

05 O GLITCH É ERRO

A artista e teórica micha cárdenas explora a poética de pessoas trans racializadas na mídia digital e as possibilidades de atos de resistência implementados por meio de reestruturação algorítmica. Em seu ensaio «Trans of Color Poetics: Stitching Bodies, Concepts, and Algorithms» [Poética trans racializada: costurando corpos, conceitos e algoritmos] (2019), cárdenas aponta para as escritoras e acadêmicas Sarah Kember e Joanna Zylinska e a discussão do que elas chamam de «o corte» no livro *Life After New Media* [A vida após as novas mídias] (2012), como introdução para a análise do que cárdenas chama de «o ponto».[4] Para Kember e Zylinska, «o corte» é «uma in-cisão criativa que também é uma de-cisão, porque dá forma ao mundo».[5] As autoras reconhecem o ato de cortar – dividir uma única entidade em partes distintas ou criar uma cisão onde antes havia apenas um todo – como uma «intrusão de alteridade (por exemplo, a 'diferença')».[6] Kember e Zylinska propõem que a pura tensão criada na presença de tal «intrusão de alteridade» choca o sistema hegemônico como um todo e desencadeia a possibilidade de ação individual ou talvez uma mudança estrutural ainda mais ampla.

Por outro lado, o «ponto» de cárdenas é concebido como «uma operação que envolve o uso de uma entidade para conectar duas entidades anteriormente separadas», o que ela sugere ser talvez «menos violento que o corte», pois «pretende unir, a serviço da cura e da criação, e não a serviço da destruição».[7] Considerando o ponto e sua ressonância sociocultural mais ampla, cárdenas observa

4 m. cárdenas, «Trans of Color Poetics: Stitching Bodies, Concepts, and Algorithms». *The Scholar and Feminist Online*, «Traversing Technologies», 13.3-14.1.2016. Disponível em: <sfonline.barnard.edu>.

5 S. Kember e J. Zylinska, *Life After New Media: Mediation as a Vital Process*. Cambridge, MA: MIT University Press, 2012, pp. 88-9.

6 Ibid., p. 89.

7 cárdenas, «Trans of Color Poetics...»,op. cit.

que ele pode ser pensado como a «base para uma teoria do fazer feminista, que valoriza as formas de conhecimento praticadas cotidianamente por pessoas oprimidas que levam suas vidas diante da violência».[8]

Assim, se o ato de definição de gênero ditado pelo binarismo corta profundamente, é nossa *autodefinição* que evidencia o ponto, iniciando o processo de cura. Esse é o erro, esse é o glitch: corte e costura incessantes, quebra e cura, é o que o digital, como material performativo no contexto do cotidiano, proporciona. Novas configurações do corpo postuladas e performadas diariamente no ciclo on-line-AFK encenam uma edição corretiva em massa para uma história que canonizou corpos em forma, heterossexuais, cisgêneros, brancos e masculinos por tanto tempo. O que está acontecendo agora é, de fato, um choque sem precedentes em volume e escala.

A artista e escritora Sable Elyse Smith, em seu ensaio *Ecstatic Resilience* [Resiliência extática] (2016), descreve o «deslizamento» de um corpo por, através, além do binário como um «caminhar em oposição ao estado de repouso [...] [um] pêndulo que oscila da forma para o vazio».[9] Permanecendo em movimento por meio de nossa própria autotransformação, nós «atravessamos» lado a lado o dano de nomear, adentrando uma ocupação celebrativa de um corpo que recusa a imutabilidade. Sem nome e inútil, falhando lindamente, nós seguimos como «corpos porosos» em nosso caminho para a libertação.[10] Infinitamente, nos reiniciamos, revivemos, rolamos as páginas, sobrevivemos.

8 Ibid.

9 S. E. Smith, *Ecstatic Resilience*. Nova York: Recess Art, 2016. Disponível em: <recessart.org/wp-content/uploads/EsctaticResilience.pdf>.

10 «The Violence of Naming and Necessity: Reading Through Porous Bodies in manuel arturo abreu's transtrender». AQNB, 30 jan. 2017. Disponível em: <aqnb.com>.

06
O glitch criptografa

06 O GLITCH CRIPTOGRAFA

Todo o conceito de visibilidade pressupõe que você não está em um sistema que o quer morto. Acho que muita gente esquece que muitos dos lugares em que estamos inseridos querem nos matar... Não deveríamos estar lá.

Sondra Perry[1]

O gênero é, para usar um termo cunhado pelo filósofo Timothy Morton, um «hiperobjeto».[2] É abrangente, nos supera em escala. Como tal, é difícil perceber os limites do gênero quando submergimos em sua lógica, o que reforça a fantasia de sua permanência por meio dessa aparente onipresença. Em suma, o gênero é *tão grande* que se torna invisível.

É aí que está o problema: na invisibilidade que passa a ser aparentemente orgânica. Esse «normativo comum» é uma violência, sugerindo uma ordem natural em vez de um sistema de controle antinatural. Ao se afirmar como parte de um vasto normativo comum, o gênero se insere no que vemos e vivenciamos no cotidiano, serpenteando pelas redes e pelos espaços públicos que ocupamos.

Como hiperobjeto, o gênero se torna um território geopolítico. É uma estrutura fundamental, construída e vivida. Incapazes de enxergar seus limites, as pessoas são forçadas a viver em seu interior como se o gênero fosse um mundo por si só. É por isso que, para reimaginar o corpo, é preciso reimaginar o espaço. A mudança revolucionária se manifesta mediante uma reconsideração do

---

1 T. Clarke-Brown, «Adrift in the Chroma Key Blues: A Chat with Sondra Perry on Black Radicality + Things That Are Yet to Happen in Typhoon coming on». AQNB, 1º maio 2018. Disponível em: <aqnb.com>.

2 T. Morton, *Hyperobjects: Philosophy and Ecology after the End of the World*. Minneapolis, MN: University of Minnesota Press, 2014.

espacial, na negociação das limitações espaciais e identificando formas de derrubar, dissolver, romper essas fronteiras. Portanto, a desterritorialização do corpo exige um afastamento do peso do espaço, ao contrário do que ocorre com a percepção, cuja forma física é dinâmica.

O filósofo e sociólogo Henri Lefebvre escreve: «O corpo serve tanto como ponto de partida quanto como destino».[3] O corpo, portanto, é uma inspiração, um trampolim, um catalisador conceitual que nos afasta dele conforme viajamos por ele. Uma vez imersa no hiperobjeto do gênero, é importante que a pessoa descubra formas de significar seus limites e dobras, esses cortes e pontos que indicam as falhas do que se supõe ser o mundo natural ao nosso redor, que auxiliam nosso afastamento dele.

A criptografia é útil aqui, enquanto buscamos esses destinos de partida, aqueles momentos em que remover as camadas de nossas presunções é um ato que revela coisas escondidas logo abaixo da superfície. A criptografia, como um processo, indica a codificação de uma mensagem, tornando-a ilegível ou inacessível para quem não tem autorização de decifrá-la. Para considerar o glitch uma forma de criptografia, nós renderizamos o *texto simples* do corpo (por exemplo, o corpo visto através de uma lente binária normativa) como um *texto cifrado* (por exemplo, um corpo em glitch, queer e criptografado). A criptografia oferece um modo de privacidade; a codificação do conteúdo cria passagens seguras para a produção radical. Glitches como material criptografado (mecânico, social, cultural) nos lembram «que existem lacunas e histórias ocultas, partes do [...] arquivo que [...] não podem [ser] ouvidas e histórias [...] [que] nunca [serão] conhecidas» por

---

3 H. Lefebvre, *The Production of Space*, trad. Donald Nicholson-Smith. Cambridge, MA: Blackwell, 1991, p. 194.

06 O GLITCH CRIPTOGRAFA

certos públicos.[4] Por meio dessa criptografia, o glitch cria um novo vernáculo, que permite novos modos de significação e é contrabandeado por meio do hiperobjeto de nossas vidas cotidianas hipergenerificadas.

A (des)codificação do gênero diz respeito tanto ao modo como ele é construído quanto à sua possibilidade ou não de leitura. A legibilidade dos corpos apenas de acordo com a codificação social e cultural padrão (por exemplo, ser uma pessoa branca, cisgênero, heterossexual) torna os corpos em glitch invisíveis, estende a segurança, mantém os corpos livres de vigilância. Corpos em glitch representam uma ameaça muito real à ordem social: criptografados e ilegíveis dentro de uma visão de mundo estritamente generificada, eles resistem à programação normativa. Ilegível para o *mainstream*, o glitch criptografado aproveita a criação de um eu que, dependendo do público, pode ser ao mesmo tempo hipervisível e ilegível, indetectável.

Ser hipervisível e invisível ao mesmo tempo pode ser uma experiência vulnerável. O trabalho do artista Glenn Ligon, *Untitled (I Feel Most Colored When I am Thrown Against a Sharp White Background)* [Sem título (Eu me sinto mais negro quando atirado contra um fundo bem branco)] (1990), fala sobre essa indefinição e sua vulnerabilidade. Nesse trabalho textual, com termos de seu título impressos e reimpressos em letras pretas sobre um fundo branco, as palavras de Ligon assumem formas diferentes à medida que progridem, sangram entre as letras, tornando-se cada vez mais difíceis de decifrar.[5] É uma meditação

---

4   J. Pressman, «Circling Back: Electronic Literature and Material Feminism», in T. G. Oren e A. L. Press (orgs.), *Routledge Handbook of Contemporary Feminism*. Nova York: Routledge, 2019, p. 237.

5   «I FEEL MOST COLORED WHEN I AM THROWN AGAINST A SHARP WHITE BACKGROUND I FEEL MOST COLORED WHEN I AM THROWN AGAINST A SHARP WHITE BACKGROUND...» [Eu me sinto mais negro quando sou atirado contra um fundo bem branco eu me sinto

sobre os limites da linguagem. Essa obra, essas palavras, à medida que se deterioram, ilustram em sua própria forma a violência que acompanha a estrita delimitação da individualidade, do corpo, quando processado em contraste com o outro. A obra de Ligon destaca o problema do espaço e do território; distinguir o que *é* por meio do que *não é*, um processo binário de categorização que desnuda a humanidade, também nos despe.

A exposição da artista Sondra Perry, *Typhoon coming on* [Tufão a caminho], que estreou como uma instalação *site specific* na Serpentine Gallery de Londres em 2018, circunscrevia o público em uma projeção multilateral de ondas, água e um título em referência à pintura do artista britânico J. M. W. Turner, *Slave Ship (Slavers Throwing Overboard the Dead and Dying, Typhoon Coming On)* [Navio negreiro (escravos jogando ao mar os mortos e os moribundos)] (1840). A pintura de Turner foi inspirada no massacre de 130 pessoas africanas escravizadas pela tripulação britânica do navio negreiro *Zong* em 1781. Usando o Blender, um programa de gráficos 3D de código aberto, Perry aplicou uma ferramenta chamada Ocean Modifier para animar as pinceladas aquosas de Turner em um modelo do oceano. A projeção, quando se está de pé diante dela, oscila entre as ondas representadas nos ocres e cinzas amarelados da paleta original de Turner, além de um roxo lustroso, representando a presença da mão da artista como autora e editora desse trabalho. A cor roxa no programa Blender é um glitch e, por sua vez, um significante criptografado, que indica para a pessoa usuária que, nas palavras da artista, «falta uma textura ou material [...]

---

mais negro quando sou atirado contra um fundo bem branco...] e assim por diante.

um aviso para quem produz a imagem [...] [de que] algo está faltando».[6]

Assim, a peça existe como um erro histórico corretivo, uma codificação exclusivamente feminista da narrativa Negra e dos corpos nela contidos, apontando para as margens de histórias ocultas e não contadas, o trauma intergeracional que foi semeado na esteira do massacre. Refletindo sobre essa obra, Perry observa: «Estou interessada em pensar na forma como a negritude muda, se transforma e incorpora a tecnologia para combater a opressão e a vigilância em toda a diáspora. A negritude é ágil».[7]

Essa «mudança, metamorfose e incorporação» da tecnologia como meio de resistir a uma hipervisibilidade exploradora é essencial. A legibilidade da coreografia e topografia dos corpos em glitch, conforme percorrem o terreno do ciclo on-line-AFK, é volátil. Respondendo às condições do mundo, somos pessoas que permanecem intencionalmente erráticas, sempre em contínua transformação e, portanto, sempre não mapeáveis. As informações ocultadas pela criptografia tornam-se chave, as margens são removidas apenas para quem deve ver, processar, entender.

Em outros lugares, nós permanecemos ilegíveis. O ato de tornar um corpo um glitch requer a ocupação simultânea de *algum lugar* e *lugar nenhum, coisa alguma* e *todas as coisas*. Nós consentimos em não ser um único ser congelado no código binário e, como tal, consentimos também em não ser um único lugar. Esse abraço da multiplicidade é estratégico; à medida que corpos em glitch viajam para o exterior por todos os espaços, nós

---

6 Serpentine Galleries, Londres, *Sondra Perry: Typhoon coming on*, 2018. Disponível em: <serpentinegalleries.org>.

7 Ibid.

afirmamos e celebramos o fracasso infinito da chegada a qualquer lugar. Muito além da imutabilidade, nos encontramos no espaço sideral, explorando a amplitude da corporeidade cósmica.

Não podemos permitir que esses territórios de *algum lugar, lugar nenhum, coisa alguma e todas as coisas* sejam delineados pelo *mainstream*. A supremacia não renunciará ao seu espaço, aqueles lugares imaginados que constroem mundos de hiperobjetos que, hipergenerificados, pretendem nos apagar. Nós, o glitch, vamos criptografar. Somente como recusa nossos dados continuarão a performar, transformar, transmutar, transmogrificar, viajar.

07
O glitch
é anti-corpo

07 O GLITCH É ANTI-CORPO

> *No corpo, onde tudo tem seu preço,*
> *Eu era um mendigo.*

> Ocean Vuong, «Limiar»

O glitch é anti-corpo, resistindo ao corpo como uma arquitetura social e cultural coercitiva. Usamos *corpo* para dar forma a algo que não tem forma, que é abstrato, cósmico. O filósofo Jean Luc-Nancy coloca isso perfeitamente: «Alguém mais no mundo conhece algo como 'o corpo'? É o produto mais recente, mais trabalhado, peneirado, refinado, desmontado e reconstruído da nossa velha cultura».[1] Muito trabalho é empregado na tentativa de dar forma ao corpo.

A noção de «anti-corpo» da artista e cineasta Lynn Hershman Leeson, introduzida em seu ensaio de 1994, «Romancing the Anti-body: Lust and Longing in (Cyber) space» [Romantizando o anti-corpo: desejo e anseio no (ciber)espaço], estabelece bases úteis para pensar o glitch como um modo de resistência contra a estrutura social e cultural do corpo.[2] «Como os vírus de computador», escreve Leeson, os anti-corpos «escapam da extinção por meio de sua capacidade de se transformar e sobreviver, existem em movimento perpétuo, navegando em condições paralelas de tempo e memória».[3]

O glitch, portanto, emprega o «anti-corpo» de Leeson como uma estratégia tática. Essa estratégia

---

1 J.-L. Nancy, «Corpus», in J.-L. Nancy, *Corpus*, trad. Richard Rand. Nova York: Fordham University Press, 2008, p. 7.

2 L. H. Leeson, «Romancing the Anti-body: Lust and Longing in (Cyber) space». Disponível em: <https://www.lynnhershman.com/wp-content/uploads/2016/06/Romancing-the-Anti-Body.pdf>.

3 Ibid.

torna-se operável diante do fracasso das redes sistema-
tizadas e das estruturas dentro das quais construímos
nossas vidas. Os glitches apontam para o artifício dos
sistemas socioculturais, revelando as fissuras em uma realidade que assumimos ser perfeita. Eles revelam a falibilidade dos corpos como significantes culturais e sociais, seu
fracasso em operar apenas como formulações normativas
hegemônicas do capital armadas pelo Estado. O corpo binário confunde e desorienta, colocando nossos interesses
uns contra os outros mediante modalidades de alteridade.
O poder do Estado, dessa forma, nos posiciona como sol-
dados de infantaria na linha de frente de uma guerra tribal
muito perigosa. Nós podemos fazer melhor.

As atuais condições do mundo, por mais imperfei-
tas que sejam, não devem impedir que corpos em glitch
tenham o direito de usar cuidadosamente a imaginação
como um componente central de mobilização e estratégia
em direção a um futuro mais sustentável. Leeson observa,
«o corpo corpóreo [como o conhecemos] está se tornando
obsoleto. Está vivendo uma história de apagamento,
mas, agora, por meio de aprimoramentos».[4] Corpos em
glitch retrabalham, falham e criptografam nossos próprios traços, aquelas novas formas de dados digitais pessoais abandonados. À medida que a compreensão do que
compõe um corpo «possível» muda sob essa pressão, as
informações associadas às nossas formas físicas, agora
abstraídas, também mudam.

Podemos ver um exemplo de *anti-corpo* na personagem fictícia e *«it girl»* Miquela Sousa, conhecida por
meio de sua personalidade no Instagram, Lil Miquela. Lil
Miquela foi lançada como perfil em 2016; no entanto, foi

---

4   Id., «Some Thoughts on the Data Body» (1994), in M. P. Lovejoy e V.
C. Vesna (orgs.), *Context Providers: Conditions of Meaning in Media Arts*.
Chicago: University of Chicago Press, 2011.

07 O GLITCH É ANTI-CORPO

apenas em 2018 que Lil Miquela reivindicou a identidade de um robô senciente. Criada pela empresa Brud, sediada em Los Angeles, com a intenção de se tornar um protótipo da «IA mais avançada do mundo», Lil Miquela é descrita pela equipe da Brud como «uma defensora de tantas causas vitais, como Black Lives Matter e a luta absolutamente essencial pelos direitos LGBTQIA+ neste país. Ela é o futuro». No entanto, Lil Miquela não tem corpo.

Nós nos perguntamos: *Qual o propósito de um corpo que não tem corpo?* Diante de um mundo cada vez mais privatizado, um avatar corporativo – em essência, um corpo privatizado, simbólico em sua forma – pode ser um defensor autêntico, um catalisador de uma mudança social?

O perfil de Lil Miquela no Instagram desenvolve o arquétipo da pessoa *influencer*, capitalizando a maior visibilidade, usando a plataforma para promover as principais causas políticas. Todo dia há mensagens para @innocenceproject, @lgbtlifecenter ou @justiceforyouth em seu perfil. Por um lado, pode-se argumentar que Lil Miquela simboliza uma intersecção perversa de um capitalismo de consumo neoliberal com ativismo; de outro, ela, sendo IA e, portanto, «sem» corpo, resume as possibilidades da performatividade do avatar. Ela é uma nova oportunidade de tornar visível o invisível, de se envolver estranhamente com novos públicos, de empurrar os limites da materialidade corpórea e reconsiderar de que maneira podemos (re)definir o corpo como sempre o conhecemos.

07 O GLITCH É ANTI-CORPO

A obra e a vida da artista Kia LaBeija promovem nossa exploração do *anti-corpo* como um veículo dentro do feminismo glitch. LaBeija é uma mulher Negra e filipina queer que vive com HIV. Nascida Kia Michelle Benbow, o sobrenome «LaBeija» deriva da lendária Casa de LaBeija, fundada em 1972 ou 1977 (o ano exato continua sendo um ponto de discórdia) pela mãe original da casa, a drag queen Crystal LaBeija. A estrutura das «casas», destinadas a funcionar como unidades familiares escolhidas, é em si uma estratégia de sobrevivência, criando espaço para corpos historicamente outrizados. Esses espaços tão importantes são há muito disputados e celebrados epicentros de performance, vida noturna e cultura queer. As casas competem entre si em batalhas de *voguing*, uma prática que se originou no Harlem na década de 1970 e desde então se tornou um fenômeno global reconhecido. Embora já não seja integrante da casa, LaBeija, em sua própria prática criativa, performa o *voguing*, além de contação de histórias e fotografia, autodocumentando e autodefinindo um componente central de sua expressão criativa.

A própria existência de LaBeija é um legado vivo do movimento HIV/aids. A artista explica: «Eu nasci em 1990, e a medicação que colocava você em um regime que deveria salvar sua vida não apareceu até, tipo, 1996, então as pessoas não tinham certeza se bebês com HIV da minha idade sobreviveriam».[5] Nascida nove anos após o início oficial da epidemia de aids, LaBeija «complica [a] ideia do que é uma sobrevivente de longo prazo».[6] LaBeija envolve a prática de *voguing* no espaço público, dançando

---

5 A. Abraham, «Photographing Black, Female, HIV Positive Power». *Refinery29*, 30 dez. 2016. Disponível em: <refinery29.com>.

6 H. Ryan, «Power in the Crisis: Kia LaBeija's Radical Art as a 25-Year-Old, HIV-Positive Woman of Color». *Vice*, 6 jun. 2015. Disponível em: <vice.com>.

FEMINISMO GLITCH

uma forma de resistência e celebração, uma encarnação de histórias queer e uma descolonização do que a artista chamou de «a história de um homem branco gay».[7] Ao circular autorretratos de si mesma ao longo dos anos, LaBeija carrega a tocha do ativismo HIV/aids, acesa pela primeira vez na década de 1980 por grupos como o ACT UP e o Gran Fury, que criaram novos modos de cultura visual e representação para alterar o discurso em torno dos corpos afetados pelo HIV e pela aids.

Em seus autorretratos, LaBeija atua *como* ela mesma e *além* de si mesma como um avatar, não mais Kia Michelle Benbow como ela nasceu, mas agora no «maior papel de todos» como LaBeija.[8] Suas composições teatrais afiadas confundem o real e o surreal. Em *Eleven* [Onze] (2015), LaBeija se fotografa no consultório de seu médico, usando seu vestido de formatura do colegial, uma luxuosa combinação de tule e renda em contraste com a realidade estéril de uma rotina regular de manutenção da saúde e cuidados com o HIV. Na imagem, LaBeija realiza o ritual de se vestir para o baile, engajando-se na fantasia estadunidense de viver seus sonhos mais épicos por uma noite, antes de se formar no colégio. Refletindo sobre essa imagem, LaBeija observa: «Estou usando meu vestido de baile porque quando comecei a ver [meu clínico geral], ninguém sabia se eu iria ao baile».[9] Em *Mourning Sickness* [Enjoo de luto matinal] (2014), LaBeija se apresenta deitada soturnamente no chão do banheiro, mas iluminada com uma luz pálida que amplifica as cores aquosas da cortina do chuveiro, do tapete e do espelho. A iluminação dá ao retrato uma sensação de algo encenado, conferindo-lhe

7 Abraham, «Photographing Black, Female, hiv Positive Power», op. cit.

8 A. Fialho, «Kia LaBeija». *Artforum*, jan. 2018. Disponível em: <artforum. com>.

9 Ibid.

07 O GLITCH É ANTI-CORPO

drama em sua textura cinematográfica. LaBeija disse sobre esse retrato: «[Essa imagem] conta a história das muitas horas que passei no meu banheiro, deitada no chão sentindo tonturas ou náuseas por causa dos remédios pesados que tenho que tomar todos os dias. Também evoca os momentos em que me tranquei no banheiro para lamentar a morte da minha mãe. Ainda lido com esses sentimentos e provavelmente sempre vou lidar».[10] LaBeija, por meio de sua prática criativa e ativismo, aponta para uma longa linhagem de pessoas que trabalharam duro para abrir espaço, ocupar espaço e explorar sua amplitude.

O acolhimento de sua própria história é marcado pela «permissão de não ser um único ser»: o trabalho de LaBeija demonstra a complexidade de sua vastidão, seus retratos «expressam a beleza e a dor das mulheres que vivem com HIV», enquanto sua prática de *voguing* permite que ela «se expresse por meio do movimento e se conecte com a comunidade queer Negra e racializada».[11] Por sua autoexpressão, LaBeija abre a possibilidade de conter multidões não apenas como uma ação criativa, mas também política.

Entre as práticas criativas de Lil Miquela e Kia LaBeija, respectivamente, vemos exemplos de dois tipos de corpos muito diferentes que empregam o imaginário como estratégia computacional de sobrevivência. Cada uma é um glitch que abala a construção da corporeidade. Como encarnações da recusa persistente, ambas as artistas vagam pela selvageria de ser irreconhecível, reimaginando ativamente e recentralizando realidades neotéricas. Cada uma nos oferece a oportunidade de reimaginar o que

---

10   Ibid.

11   J. Hernandez, «In Conversation with Kia Labeija: Using Positivity to Trigger Awareness, Acceptance and Activism for HIV/AIDS». *Gallery Gurls*, 21 dez. 2015. Disponível em: <gallerygurls.net>.

um corpo significa, como pode ser redefinido, o que um corpo pode fazer e o que continuar celebrando.

08
O glitch
é pele

FEMINISMO GLITCH

LOOKING INTO THE MIRROR, THE BLACK WOMAN ASKED, "MIRROR, MIRROR ON THE WALL, WHO'S THE FAIREST OF THEM ALL?" THE MIRROR SAYS, "SNOW WHITE YOU BLACK BITCH, AND DON'T YOU FORGET IT!!!"

Olhando para o espelho, a mulher preta pergunta: «Espelho, espelho meu, quem é mais bonita do que eu?». O espelho responde: «A Branca de Neve, sua puta preta, não se esqueça!!!».

08 O GLITCH É PELE

Glitch é, e sempre será uma metodologia para mim...
Eu ainda realmente SINTO esse quebrantamento e instabilidade.

Shawné Michaelain Holloway[1]

A pele tem tanto a ver com o que está por dentro quanto com o que fica por fora. A pele funciona para editar, sua existência determina o que será incluído ou excluído. Sugere a proteção de um sujeito e a criação de um «outro» que fica para sempre do lado de fora. Como a pele envolve, cobre, protege, paradoxalmente ela fere, ocupa e constrói mundos.

A pele é um recipiente. É uma casca que contém e embala a selvageria. Dá forma aos corpos. Uma fissura, um rasgo, ruptura ou corte na pele abrem um portal e uma passagem. Aqui também há um mundo e uma ferida.

A pele é ao mesmo tempo aberta e fechada. Sua presença sugere permanência, uma fronteira que não deve ser cruzada. Por outro lado, a pele é permeável. Libera fluidos e, ao mesmo tempo, os retém.

A pele também nos ajuda a sentir. Quando encostamos em outra pessoa, nós reconhecemos onde terminamos e onde a outra pessoa começa. Ao tocar a pele, programamos o corpo, linhas confusas de memória que conduzem as pessoas em direção umas às outras e fazem com que os corpos colidam, às vezes suavemente, às vezes com estrondo.

Mais literalmente em um arco tecnológico, a presença de um glitch torna visível a «pele digital», lembrando a falibilidade da máquina e a presença de seu

---

1 A. Liu, «'Queer' as Refusal and Disidentificatory Act at the Yale School of Art». *Blonde Art Books*, 20 dez. 2017. Disponível em: <blondeartbooks.com>.

hardware, revelando suas margens e costuras. Nós dependemos do erro dos glitches para ver as limitações mecânicas e, então, ter uma noção de onde podemos hackear ainda mais em estragos pontuais. Através de uma lente mais figurativa, a presença do erro off-line – como um corpo irreconhecível, um corpo sem nome – revela rachaduras na narrativa aparentemente brilhante da absoluta imutabilidade do binarismo de gênero, expondo-o como uma ficção cuidadosamente construída.

Nessas fissuras e falhas do sistema, encontramos novos começos. A pele digital – as telas graças às quais abraçamos a amplitude, a política por meio do jogo, e brincamos com diferentes modos de representação – continua sendo uma precondição necessária do avatar da internet. Avatares podem se tornar corpos retóricos, aqueles que desafiam o modo e a razão por que performamos nossos eus abstratos e variados com o objetivo de nos tornarmos nossos eus mais verdadeiros, tanto on-line quanto off-line.

As explorações de Shawné Michaelain Holloway como «*cam girl*», autodescrita como uma «artista da performance em novas mídias sensuais e educadora de sexualidade», inspiram vários de seus primeiros trabalhos. A artista lida com as tensões entre a projeção de um eu invulnerável com uma pele digital aparentemente impenetrável e a vulnerabilidade de se compartilhar em tais fóruns. Holloway prontamente explora e navega nessas tensões, inclinando-se para as liberdades recém-realizadas encontradas por meio de suas fantasias on-line. A artista vê a volatilidade entre essas tensões e liberdades como uma oportunidade de fomentar conversas em torno do poder e do jogo, investigando como um corpo pode consumir e ser consumido simultaneamente, mutuamente, de forma consensual, como um ato radical de autodescoberta. Holloway observa: «As dinâmicas de poder afetaram esse

08 O GLITCH É PELE

trabalho não por causa do poder das pessoas ou da cultura de dentro, mas por causa do poder das pessoas e da cultura de fora que olha para dentro. Me envergonha ver esses espaços como um *playground* onde posso construir minhas próprias fantasias e controlar meu ambiente».[2]

Holloway desencadeia essas mesmas tensões em sua série de retratos do Instagram, *picking skin: alignment* [escolhendo a pele: alinhamento] (2015). A série é inspirada no trabalho fotográfico da artista Carrie Mae Weems, «Mirror, Mirror» [Espelho, espelho] (1987), da série *Ain't Jokin'* [Não é piada] (1987-88), que retrata uma mulher Negra olhando para um espelho e apresenta na legenda uma paráfrase da lendária linha do conto de fadas da Branca de Neve, «Espelho, espelho meu, existe alguém melhor que eu?». Para *picking skin: alignment*, Holloway apresenta o que ela chama de «pele[s] escolhida[s]»: *selfies* da artista representando diferentes personagens no «*black mirror*» da captura digital. Por meio dessas imagens a artista estabelece um microarquivo de sua própria corporeidade cósmica; as variadas faces da negritude e da queeridade são mediadas pela pele digital dos avatares mutáveis de Holloway.

Em um conjunto de imagens, a artista tira uma foto de si mesma usando uma longa peruca loira, desencadeando a economia visual da *cam girl*, diva-digital-encontra-megera-de-conto-de-fadas, posando para o olhar ansioso da câmera. Em contraste, outra imagem mostra a artista fazendo uma pose sem a peruca, com cabelos curtos e naturais. Na série original de Weems, a frase «Espelho, espelho meu [...]» é reapropriada e recontextualizada de tal forma que o espelho responde para a mulher Negra no retrato. O texto que acompanha cada uma das *selfies* de Holloway,

---

2   G. Cepeda, «Artist Profile: Shawné Michaelain Holloway». *Rhizome*, 24 set. 2015. Disponível em: <rhizome.org>.

portanto, toma emprestada quase que literalmente a legenda original de Weems, mudando a escolha de palavra de Weems de «melhor» de volta para o «mais bonita» original do conto de fadas da Branca de Neve: «OLHANDO PARA O ESPELHO, A MULHER PRETA PERGUNTA: 'ESPELHO, ESPELHO MEU, QUEM É MAIS BONITA DO QUE EU?'. O ESPELHO RESPONDE: 'A BRANCA DE NEVE, SUA PUTA PRETA, NÃO SE ESQUEÇA!!!'». Aqui Holloway evidencia a transitoriedade e o problema da pele digital, significando a ação de autorrepresentação (por exemplo, «vestir» diferentes peles para performar diferentes eus) como algo ainda sujeito à interferência de uma cultura visual pop e de uma história da arte que encenam violência sobre o corpo feminino Negro ao afirmar sobretudo modelos de beleza branca estetizada.

Embora o trabalho de Holloway não tenha sido planejado como tal, certamente podemos celebrar sua série como uma contestação muito necessária e afiada à performance *Excellences & Perfections* [Excelências e perfeições] (2014), que a artista Amalia Ulman realizou no Instagram ao longo de cinco meses. A performance de Ulman apresentou um avatar de si mesma – uma mulher branca e cisgênero –, misturando-se perfeitamente pela pele digital de uma personagem on-line, situada numa paisagem de representações *mainstream* de corpos brancos, cisgêneros e altamente femininos. A performance foi roteirizada pela artista e apresentada ao longo de vários meses em seu Instagram e Facebook, seguindo seu avatar de socialite branca. A confusão entre as «excelências [e] perfeições» de Ulman on-line e off-line fez da performance uma pílula difícil de engolir: Ulman não rompeu ou forneceu feedback substantivo ao *status quo*, mas sua performance, básica como sempre, divertiu. A obra de arte tornou-se, assim, uma infeliz ostentação de privilégios, assombrada por uma espécie de «passabilidade» socioeconômica inquestionável por um público acostumado ao consumo gourmetizado de pessoas super-ricas. Poucos, olhando para o Instagram de Ulman, poderiam dizer a diferença entre arte e vida, de modo que o trabalho em si – confirmando que, sim, a ascendência da mulher branca ainda tinha um público – só foi considerado profundo pelo mundo da arte que assim o classificava.

Anos depois, em maio de 2018, a *The Cut*, da revista *New York*, publicou uma matéria sobre a «Vigarista do Soho» que, autonomeada Anna Delvey on-line e AFK, performou a identidade de uma herdeira alemã abastada com o objetivo de aplicar golpes em hotéis de luxo em Manhattan e em pessoas bilionárias famosas.[3] Quer Delvey estivesse ciente do desempenho de Ulman ou não, os paralelos entre os dois atos no uso de um avatar on-line para cultivar ainda mais a percepção pública de um status de elite são inegáveis. Contudo, talvez tenha sido a conscientização do mundo sobre Delvey que completou o trabalho de Ulman, deixando claras a violência do privilégio com sua agenda capitalista e a exploração e manipulação da feminilidade branca como um bem cultural e um tropo político há muito protegido. Em suma, o que ambas as artistas – vigaristas ou não – nos mostram é que o gênero não pode ser descartado como *apenas* uma construção, mas, antes, que um dos maiores problemas do gênero é que ele é uma construção racial.

Se Ulman manteve os tropos próprios e problemáticos do «feminismo chiclete» em suas projeções de um corpo branco generificado, embalado e consumido pelo capital cultural, Holloway oferece uma perspectiva incisiva e urgente da quarta onda. Holloway faz um trabalho importante ao abalar profundamente as contradições na forma como os corpos racializados e generificados

---

3 J. Pressler, «How an Aspiring 'It' Girl Tricked New York's Party People – and Its Banks». *The Cut*, 29 maio 2018. Disponível em: <thecut.com>.

são «lidos» ou tornados (in)visíveis por vários públicos na internet.

A invocação estratégica de Weems por Holloway também reconhece o ato de autorrepresentação Negra no retrato fotográfico como parte de uma discussão profundamente enraizada na visibilidade, no empoderamento e na circulação do corpo Negro ao mesmo tempo dificultada e impulsionada pelo motor da cultura visual. Nas palavras de Holloway, tais corpos são sobrecarregados com as «conotações políticas fodidas ligadas a esses desejos», que se manifestam mediante o folclore, os contos de fadas ou a fantasia. Holloway chama seu interesse em «controle e poder sobre [sua] representação [on-line]» de «fetiche-fantasia», ressaltando a implausibilidade de ser capaz de ditar ou recusar completamente a forma como o corpo de alguém pode ou não ser digerido por meio da plataforma digital.[4]

A natureza paradoxal da pele digital usada pela artista postula uma narrativa do corpo Negro queer on-line que não é nem exaltada nem abjeta. Em vez disso, a artista alimenta a navegação curiosa e alegre desses territórios complicados e irreconciliáveis como uma espécie de «anarquitetura»,[5] opondo resistência pela autocrônica de sua própria mudança de forma não resolvida e muitas vezes contraditória.[6] Desse modo, Holloway contra-ataca o edifício sociocultural do corpo generificado e racializado.

---

4   Cepeda, «Artist Profile...», op. cit.

5   Termo cunhado pelo artista Gordon Matta-Clark na década de 1970 para descrever suas intervenções feitas em prédios físicos ao redor da cidade de Nova York. Na sua forma mais básica, anarquitetura significa «contra a arquitetura», e, SE estendida a outras formas, como poesia e música, é uma forma de recusar padrões tradicionais ou classicizados.

6   J. Halberstam, «Unbuilding Gender: Trans* Anarchitectures In and Beyond the Work of Gordon Matta-Clark». *Places*, 1º out. 2018. Disponível em: <placesjournal.org>.

08 O GLITCH É PELE

Seu trabalho oferece a libertação do fardo indevido de buscar a perfeição que é construída para minar e apagar corpos em glitch.

A passagem segura dos corpos AFK continua a ser determinada por raça, classe e legibilidade do gênero. Essa volatilidade da paisagem off-line, onde danos físicos – e o fim sistemático da vida – são regularmente decretados para corpos que não «se encaixam», torna importante considerar formas de espaços mais seguros tanto on-line quanto off-line, indo contra a atual narrativa necropolítica. Embora os espaços on-line permaneçam imperfeitos, muitas vezes segurando um espelho sombrio para o mundo ao nosso redor, as comunidades on-line podem criar espaço para responder a tropos tóxicos e binários de masculinidade/feminilidade. Abraçar a plausibilidade da amplitude – ou seja, fantasiar, brincar, experimentar vestindo diferentes «peles» – torna-se um ato de empoderamento, autodescobrimento e até mesmo de autocuidado. A pele da ciberidentidade é singularmente queer, o que o teórico Paul B. Preciado chega a celebrar como uma «forma [...] de travestismo».[7] O digital, ao nos dar a capacidade de performar diferentes eus – literalmente colocando-os e tirando-os, à medida que crescemos com eles ou nos afastamos deles –, nos mostra que, como Preciado observa, o «gênero não é pura e simplesmente performativo [mas] [...] sobretudo protético».[8]

---

7   P. B. Preciado, *Countersexual Manifesto: Subverting Gender Identities*. Nova York: Columbia University Press, 2018, p. 36 [ed. bras.: *Manifesto contrassexual: práticas subversivas de identidade sexual*, trad. Maria Paula Gurgel Rodrigues. São Paulo: Zahar, 2022].

8   Ibid., p. 37.

FEMINISMO GLITCH

09
O glitch
é vírus

09 O GLITCH É VÍRUS

gênero é um truque de mágica que esqueci como se faz

Billy-Ray Belcourt, «The Cree Word for a Body
Like Mine Is Weesageechak»

O que podemos aprender com um vírus de computador?
Um vírus de computador corrompe os dados. Um vírus de
computador custa ao capitalismo. Degrada a produtivi-
dade dentro da máquina. Um vírus de computador é uma
ameaça ao funcionamento da máquina e a sua economia.
Uma máquina se transforma em outra que não pode funcionar, que literalmente *não é capaz de funcionar, esquece
como trabalhar, trabalha contra sua função*. Ela desafia a
correlação endêmica entre valor e trabalho, um perigo em
sua inutilidade.

Espera-se que as máquinas funcionem bem e funcionem rápido. Um vírus de computador desencadeia as
respostas mecânicas de lentidão de maneiras imprevisíveis para a pessoa usuária: carregamento interminável,
travamento, danos, exclusão, reformatação. Essa lentidão
desloca o tempo e o espaço, alterando a relação da pessoa
com a máquina. Em nosso dia a dia, quando nos depara-
mos com um computador que desliga inesperadamente
ou demora séculos para reiniciar por falha mecânica,
nossa reação é levantar e partir para outra. Nós mudamos
de rumo quando confrontamos sistemas que se recusam a funcionar.

Um vírus irrompe, e assim somos entregues ao tempo
e espaço do quebrantamento. Inevitavelmente, a presença
de um vírus nos leva à consciência de nossos corpos e de
nosso ser. A presença de um vírus provoca um despertar.
Isso ocorre por meio do reconhecimento de que o ciclo
entre o on-line e o AFK não é contínuo. Em vez disso, por

meio de suas fissuras e falhas, o vírus faz do quebranta-mento um espaço, situando-nos dentro da própria rup-tura. Como feministas glitch, quando incorporamos o vírus como um veículo de resistência, estamos colocando uma chave nas engrenagens mecânicas do gênero, ata-cando seu funcionamento, mergulhando no quebranta-mento, na ruptura.

Queremos infectar, corromper dados comuns. Para citar o teórico e filósofo Jack Halberstam, conhecido por seu conceito da «arte queer do fracasso»: «O que quere-mos depois da 'ruptura' será diferente do que pensamos que queremos antes da ruptura e as duas coisas são ne-cessariamente diferentes do desejo que resulta de estar na ruptura».[1] O que o feminismo glitch propõe aqui é o se-guinte: talvez queiramos a ruptura, queremos falhar. Nós nos esforçamos por corpos desafiadores e cheios de cos-turas. Queremos corpos selvagens, amorosos, monstruo-sos. Por nossa presença como um glitch, queremos estar diante, dentro e fora do quebrantamento. A quebra é um erro, o erro é uma passagem.

Uma vez que tenhamos infectado, queremos viajar para fora em todas as direções. Queremos tocar tudo, acariciar *cada maldito corpo*, torcer a máquina. Virais, queremos multiplicar. Queremos restringir a cultura, fazer a sociedade suar. Queremos causar convulsões, uma onda de fluidos, criar espaços pegajosos e viscosos onde tudo pode entrar em contato e ofuscar. Esse borrão é um reco-meço, uma jornada. Essa jornada é uma gênese.

No texto de Stefano Harney e Fred Moten, *The Undercommons* [Os subcomuns] (2013), Moten argumenta: «A única coisa que podemos fazer é derrubar essa merda

---

1 J. Halberstam, «'The Wild Beyond'», in S. Harney e F. Moten (orgs.), *The Undercommons: Fugitive Planning and Black Study*. Nova York: Minor Compositions, 2013, p. 6.

09 O GLITCH É VÍRUS

completamente e construir algo novo».[2] O feminismo glitch questiona: *Uma ruptura pode ser uma forma de construir algo novo? Nosso ato de romper com essa merda também pode ser uma correção?*

American Artist chama a atenção para essa noção de quebrantamento em seu ensaio «Black Gooey Universe» (2017).[3] O ensaio retorna à história original das interfaces gráficas do usuário (GUIS em inglês, que se pronuncia como «gooeys») como algo a ser problematizado, algo que estabelece um binarismo entre as interfaces digitais brancas como o indicador de transparência moderna e as interfaces pretas postas como ultrapassadas e opacas. Esses são significantes de escolhas de design e todo um histórico de drivers brancos e cisgênero por trás deles. Artist descasca essa lógica, postulando o «*black gooey*» como uma errata útil com potencial revolucionário:

> A negritude, por assim dizer, formou o terreno para o branco, com o *black gooey* sendo antitético aos valores da tela branca. *Black gooey* pode então ser uma plataforma de lentidão («tempo arrastado», «tempo preto»), recusa, pensamento, complexidade, crítica, suavidade, volume, transparência, inutilidade e quebrantamento. Um corpo plano que anseia pela solidão e vastidão da linha de comando, mas com nuances e nitidez, para usurpar e destruir uma interface hegemônica contemporânea.[4]

2 Harney e Moten (orgs.), *The Undercommons*, op. cit., p. 152.

3 American Artist, «Black Gooey Universe». *Unbag*, 2018. Disponível em: <https://static1.squarespace.com/static/59238d36d2b8575d127794a4/t/5a60bdecf9619a7f881b02a0/1516289526013/UNBAG_2_AmericanArtist.pdf>.

4 Ibid.

American Artist se autodenominou assim nos primeiros anos de sua carreira, um avatar destinado a permitir que Artist se mova pelo espaço on-line com um grau de anonimato. Simultaneamente, a mudança de nome de Artist afasta o viés silencioso, mas sempre agressivo, da otimização de mecanismos de busca (SEO), o «olho itinerante» do Google que, ao trazer à tona e priorizar apenas determinados resultados, estabelece uma narrativa social, história e cultura visual hierarquizadas. Agora, qualquer pessoa que pesquisar «american artist» na internet recebe American Artist como o primeiro resultado, ao lado, por exemplo, da seleção sugerida pelo Google de «Artistas / Estados Unidos», como Andy Warhol, Jean-Michel Basquiat, Edward Hopper, Jackson Pollock e Jasper Johns. Dessa forma, Artist subverte e desafia suavemente um cânone, com a presença de seu nome na companhia de autoridades reconhecidas pela história da arte, mantendo-se como uma performance duradoura que é encenada de forma viral, promulgado algoritmicamente por meio de seu avatar sem que seu eu físico nem sequer esteja presente.

O trabalho do avatar posiciona o engajamento de Artist no chamado «radicalismo Negro e trabalho organizado [em] um contexto de vida virtual em rede»,[5] uma intersecção única, uma encruzilhada encontrada por quem está procurando Artist e também por quem não está, mas pode se deparar acidentalmente com o trabalho de Artist. Com o termo de busca «american artist» tendo inúmeros resultados após o primeiro acesso do próprio site de Artist, o nome legal da pessoa artista não tem rastro, tornando Artist uma espécie de limbo espacial, um viral em todo e nenhum lugar a romper com os padrões de hipervisibilidade da negritude pop na internet. Essa ação fica na

---

5 Biografia de American Artist. Disponível em: <americanartist.us>.

09 O GLITCH É VÍRUS

ruptura e nos mostra como podemos romper sistemas quebrados por meio da reaplicação criativa do próprio material desses sistemas com o propósito de uma interrupção e recusa estratégicas.

Sim! Por que não romper o que está quebrado? Por que não corromper os corrompidos? A base sobre a qual construímos é defeituosa. Corrigindo o curso, ascenderemos em nossa errata. Resistimos a ser subsumidos; mantemos a visão do além, daqueles buracos de minhoca arrebatadores onde a ruptura pode acontecer. O além está borrado, é aquoso. Nosso borrão é uma pista de dança às quatro da manhã, aquele momento em que, no encontro de todos os corpos iluminados por globos de luz feito fogos de artifício, nos tornamos ninguém, um não corpo. E, no glorioso encontro desse não corpo, no encontro de ninguém, *nos tornamos todo mundo, nos tornamos todos os corpos*. Nossa música está tocando, agora vamos construir um mundo *gooey* para acompanhá-la.

O glitch é uma ferramenta: é um *malware* sociocultural. Corpos que viajam através do glitch falham alegremente, como correntes ao longo de fios que atravessam a maquinaria social, provocando travamentos, falhas, um desligamento assustador. O glitch é a desinformação transmitida de forma viral como meio de minar a arquitetura de gênero, abalando suas estruturas, revelando sua falácia inerente.

O gênero é uma performance econômica e uma performance sociocultural cuidadosamente construídas. O gênero existe e é protegido como um meio de assegurar os corpos, agregando valor àqueles que trabalham sob sua coerção com sucesso e complacência, atribuindo seu algoritmo agressivo. Anti-corpos criptografados, erros corporais, sistemicamente ilegíveis, levam a máquina do gênero aos seus limites. Agora vacilante e enfraquecida por esse vírus, a máquina está pronta para o movimento, para a mudança.

Nós, o glitch viral, queremos ruínas abaladas, uma poluição como política: perfurações na superfície, uma pele borbulhante, todo o inferno liberto, queremos destruir toda essa merda. A alternativa é *este* mundo agora, *esta* vida – e este mundo não é suficiente. Não somos pessoas que podem esperar ser lembradas, humanizadas, vistas. É nossa responsabilidade coletiva infectar e, à medida que incitamos a convulsão social, compartilhar testemunhos entre nós, tornar seguros e viáveis os caminhos impossíveis, como todos os outros curtos-circuitos em direção a um colapso desencadeado.

TODOS OS CORPOS PODEM SER TODO MUNDO. Nós podemos nos libertar! A escritora Saidiya Hartman observa que «o cativeiro [...] engendra a necessidade de reparação, a inevitabilidade de seu fracasso e a constância da repetição produzida por esse fracasso».[6] Enquanto falhamos, nos transformamos. À medida que nos transformamos, transcendemos o cativeiro, escapando daquelas forças empenhadas em nos restringir, conter e censurar. O glitch-como-vírus nos apresenta uma visão nítida de decadência, um não desempenho que nos leva a um desconhecido selvagem. É aqui que florescemos.

É tempo de novas mecânicas.
Vamos mudar, por favor.
Tchau, binário! Permaneça em eterno carregamento.

---

6 S. V. Hartman, *Scenes of Subjection: Terror, Slavery, and Self-Making in Nineteenth-Century America*. Oxford: Oxford University Press, 1997, p. 17.

10
O glitch mobiliza

FEMINISMO GLITCH

Como estapear alguém pela internet.

10 O GLITCH MOBILIZA

E, sim, às vezes eu digo «corpos» quando talvez eu devesse dizer «pessoas», mas tenho medo de não poder mais tocar pele.

Caspar Heinemann, «Magic Work»

A disponibilização das 58 opções de gênero do Facebook (e, não esqueçamos, três pronomes!), apresentadas pela primeira vez para as pessoas usuárias em 2014, não foi um gesto radical – foi o neoliberalismo em sua melhor forma.[1] Se um corpo sem nome é um erro, fornecer mais nomes, ao mesmo tempo que oferece inclusão, não resolve a questão do corpo binário. Em vez disso, cria a exigência de que uma caixa seja marcada, de que uma categorização seja determinada. Categorias binárias ainda são apresentadas dentro da gama de opções e, além disso, o reconhecimento por meio dessas plataformas nos leva a acreditar que significar quem somos é a única forma de sermos consideradas pessoas aptas a fazer parte. Poeta, artista e «pesquisador acadêmico-adjacente», Caspar Heinemann observa isso da melhor forma: «Em um clima de precariedade e instabilidade generalizada, nomear a pele deve ser a menor das nossas preocupações; se tudo está desmoronando, o gênero está indo junto. Então, o sujeito ciborgue traumatizado é o novo normal, mas isso é o melhor que podemos almejar?».[2]

Talvez a personagem do «sujeito ciborgue» seja em si o problema. O artista Devin Kenny nos lembra: «Temos

[1] R. Goldman, «Here's a List of 58 Gender Options for Facebook Users». *abc News*, 13 fev. 2014. Disponível em: <abcnews.go.com>.

[2] C. Heinemann, «Magic Work: Queerness as Remystification», 2014. Disponível em: <docs.google.com/document/d/1-d1RpWJ2nR4iN2BKEwfHdQFgdPqKW-a8q7O1ZAiNltU>.

que ter em mente que esta recriação se dá por meio de mediação, que muitas vezes pode ser rastreada até um endereço de Protocolo da Internet e, portanto, até uma personagem».[3] Se não podemos barrar o rastreamento de endereços de Protocolo de Internet (ip) sem o auxílio de uma rede privada virtual (vpn) ou algum *proxy* parecido, que outras alternativas existem para proteger nossa biometria digital enquanto pretendemos imaginar, mobilizar, coletivizar?

O escritor e programador de computadores Alexander Galloway, em seu livro *The Interface Effect* [O efeito da interface] (2012), argumenta sobre o que ele chama de «diferença genérica» e sobre a forma como a rejeição da «atribuição de traços» pode ter um potencial biopolítico, nos deixando a um passo de superar o trauma e os problemas de gênero como uma dessas atribuições:

> O truque [...] é o seguinte [...] abster-se do sistema de predicação biopolítica, abster-se do ensacamento e marcação de corpos [...]. Isso não significa que todos os corpos agora estão em branco. Muito pelo contrário. Todos os corpos estão preenchidos. Mas sua plenitude é uma plenitude genérica, uma plenitude do que quer que sejam. Da mesma forma, isso não significa que a diferença «desapareceu». O oposto é verdadeiro, pois a diferença pode agora finalmente se tornar uma diferença genérica.[4]

A teoria da «diferença genérica» de Galloway propõe um caminho para um corpo que é inerentemente

---

3   K. Drew, «Towards a New Digital Landscape». *Sightlines*, 11 maio 2015. Disponível em: <walkerart.org>.

4   A. R. Galloway, *The Interface Effect*. Cambridge, uk: Polity Press, 2012, p. 140.

fluido, um corpo emancipado da necessidade de registrar seus traços on-line. Como tal, esse tipo de corpo se torna inútil como sujeito do regime do capital de mineração e lucro proveniente de dados. A diferença genérica mantém todas as portas abertas, faz de todas as caixas – marcadas, desmarcadas e aquelas ainda por imaginar além de nossos sonhos mais loucos de revolução – uma possibilidade. Assim, diante da pressão de classificação constante, é importante identificar formas de mobilização por meio (e apesar) desses territórios digitais. A pergunta que não quer calar é: o sacrifício da verdadeira autonomia, a distribuição desses traços corporais, vale a pena se isso significa que podemos fazer parte de algo maior que nós? Especialmente se isso é algo que nos ajuda a nos moldar e, por meio dessa modelação, remodelar o mundo?

O tempo passou. Embora nossa inocência tenha se perdido com a mudança de nossa compreensão da forma como nossos traços digitais podem ser manipulados, capitalizados e utilizados, o aumento da presença de corpos interseccionais que transcendem a violência burocrática de um único campo de preenchimento continua sendo um componente-chave que justifica a importância da internet. Mesmo distante de sua promessa utópica inicial, a internet ainda oferece oportunidades para proposições queer de novas modalidades de ser e mundos recém-propostos.

No livro *Alone Together* [Solidão compartilhada] (2011), a socióloga Sherry Turkle argumenta que, com o uso crescente da tecnologia, as pessoas seguem conectadas, mas cada vez mais isoladas umas das outras.[5] Essa expressão é frequentemente utilizada para minar o valor do digital e fala de forma imprudente por uma lente branca, hétero e cisgênero. A equação assustadora de

---

5 S. Turkle, *Alone Together: Why We Expect More from Technology and Less from Each Other.* Nova York: Basic Books, 2011.

Turkle *internet* = *alienação* não leva em consideração a relevância duradoura que esse material tem, mais especificamente, para pessoas queer, pessoas que se identificam como mulheres e pessoas não brancas. Reificar o binário da internet, por um lado, como uma utopia morta e, por outro, a «vida real» (leia-se: IRL) como desprovida de morte real e/ou social para os corpos queer, trans e racializados é uma propaganda violenta. A internet continua sendo um clube para a congregação coletiva de vozes e corpos marginalizados quando todo o resto falha. Na realidade e na teoria, a «vida real», viajando em um ciclo ininterrupto entre on-line e off-line, é sexista, racista, classista, homofóbica, transfóbica e capacitista. Como feministas glitch procurando construir novas comunidades e novos mundos, temos que perguntar: *nosso «real digital» pode, por favor, viver?*

A internet continua a ser um lugar de imensa intimidade, onde pode ocorrer uma «abertura» do ser e onde é possível ousar ser vulnerável. Os canais virtuais da internet oferecem proteção contra danos físicos, abrem espaço para a expressão de ideias e políticas em um fórum fantástico, ampliando, assim, a coletividade, a construção de coalizões e a coragem de se individualizar. O artista Hamishi Farah reflete sobre suas primeiras experiências na internet observando: «Eu cresci bastante isolado [...]. Quando fui bem recebido e apreciado em uma comunidade on-line [foi] a primeira vez que realmente me senti parte de algo [...]. Essa é a primeira experiência da internet: aquele momento em que ela deixa de ser 'a internet' e se torna apenas outra coisa/parte da vida».[6]

A escritora Shaadi Devereaux descompacta ainda mais essas tensões e pede uma coletividade mobilizada e ativada em seu ensaio «Why These Tweets are Called

---

6 Drew, «Towards a New Digital Landscape», op. cit.

my Back» [Por que esses tuítes são chamados de minhas costas] (2014). Aqui, Devereaux reivindica para si e para as pessoas de sua comunidade on-line o chavão «Twitter Tóxico», tomando-o como o nome comum de um grupo «em grande parte composto de mulheres afro-indígenas, Negras e indígenas» em que elas podem falar sobre suas vidas. «Não é por acaso que a grande mídia rebaixa o que, em muitos casos, é a única plataforma à qual as mulheres marginalizadas têm acesso. Dizem para você nos observar, mas não se envolver: essa é a própria definição de vigilância», ela escreve.[7]

Devereaux continua explicando por que as redes sociais ainda são importantes para ela, citando «o feminismo digital [como] um espaço onde [alguém] pode se envolver com outras mulheres negras negligenciadas na academia, divulgar seu trabalho e oferecer [...] análise sobre expressões artísticas negras». Como conta Devereaux, o que começou para ela e muitas outras como um «grito no vazio» transformou-se em um chamado e resposta, quando «outras mulheres começaram a responder»:

> As redes sociais ergueram uma barreira entre os consumidores de mídia e a própria mídia, transformando essa relação em uma relação de engajamento ativo. Também ergueram uma barreira entre mulheres como nós – deslocadas, deficientes, trans, indígenas e negras – e as partes da sociedade que nunca deveriam lidar conosco [...]. De repente, uma mulher negra trans com acesso negado a qualquer espaço em que você possa entrar está aqui respondendo a você com críticas sutis à mídia. Um jornalista pode publicar um artigo, e, em segundos, o público está

---

7 S. Devereaux, «Why These Tweets Are Called My Back». *The New Inquiry*, 19 dez. 2014. Disponível em: <thenewinquiry.com>.

FEMINISMO GLITCH

desafiando a ética da reportagem e o enquadramento de assuntos que não pode mais ser passivo.[8]

O projeto de coletividade «Twitter Tóxico» de Devereaux estabelece uma base importante quando buscamos outros exemplos de mobilização por meio de plataformas digitais e comunidades em rede. Clubes queers e coletivos da noite como Papi Juice (@papijuicebk, Nova York), GUSH (@gushofficial, Nova York), Pxssy Palace (@pxssy palace, Londres) e BBZ LONDON (@bbz_london, Londres), entre outros, surgiram de uma geração que procura situar no espaço físico uma resposta AFK a rostos, vozes e visões que muitas vezes se manifestam on-line. As imagens desses eventos e das comunidades que eles celebram são compartilhadas via Instagram, fornecendo um arquivo vivo de uma história viva. Assim, as explorações que podem começar à noite na internet atravessam o ciclo on-line-AFK.

A dupla de crítica de arte *The White Pube*, sediada no Reino Unido e autodenominada «deusas bebês críticas de arte», é composta das colaboradoras Gabrielle de la Puente e Zarina Muhammad. De acordo com seu Instagram e Twitter (@thewhitepube), as duas são «críticas de meio período não profissionais e irresponsáveis» que «escrevem sobre exposições da maneira como o mundo da arte opera». Tendo se conhecido em 2015 em um curso de bacharelado em artes plásticas na escola de arte Central St. Martins da Universidade de Londres, *The White Pube* surgiu de um sentimento de alienação e envolvimento com o mundo da arte. Como parte de sua política, elas se comprometem totalmente com a emoção por meio do afeto digital. Com uma riqueza de *emojis* e tuítes curtos, *The White Pube* reflete e analisa arte/mundo com uma

8 Ibid.

10 O GLITCH MOBILIZA

franqueza, intimidade e honestidade que emprestam uma textura confessional à sua escrita. Sua abordagem foi apelidada de «crítica incorporada», em reconhecimento à intensidade da emoção como uma força quando falamos sobre arte e cultura visual. As artistas veem as exposições AFK e as levam para um crescente público global on-line, fornecendo insights instintivos e comentários líricos.

Em uma resenha escrita em 2018, Muhammad exclama: «Quero falar sobre a questão BÁSICA e VIOLENTA de pessoas artistas brancas usando corpos negros literalmente como adereços».[9] Em meio a discussões recorrentes sobre «a predominância de homens brancos na crítica de arte», *The White Pube* empodera a crítica que problematiza e questiona gatilhos e falhas na história da arte e na cultura visual.[10] Ao fazê-lo, a dupla exige e constrói um modo de diálogo mais transparente e direto, um fórum que trabalha contra o cansado estabelecimento de um mundo da arte branco/masculino e as narrativas altamente falhas que ele defende.

Abrir espaço para críticas, feedback e aumento da autoconsciência funciona entre pares, tanto on-line quanto off-line, mas também acontece de forma intergeracional. A POWRPLNT (@powrplnt), sediada no Brooklyn, está «comprometida em promover educação em artes digitais e acesso para todas as pessoas [...] fornecendo recursos, orientação e educação para prosperar na economia criativa hoje».[11] Com o objetivo de «elevar a alfabetização digital e incentivar a expressão por meio da tecnologia», o grupo foi fundado em 2014 pela artista e organizadora

---

9 «Zoë Paul: La Perma-Perla Kraal Emporium @ Spike Island». *The White Pube*, 13 maio 2018. Disponível em: <thewhitepube.co.uk>.

10 E. M. Berry e C. Yang, «Opinion: The Dominance of the White Male Critic». *New York Times*, 5 jul. 2019. Disponível em: <nytimes.com>.

11 «What We Do». POWRPLNT. Disponível em: <powrplnt.org>.

comunitária Angelina Dreem e pelo empreendedor criativo Anibal Luque, e mais tarde passou a integrar a artista e pesquisadora Salome Asega. O slogan da POWRPLNT, «A tecnologia é um direito, não um privilégio», ressalta a questão do acesso à tecnologia como principal fator para a «exclusão digital» entre gerações, geografias e comunidades. Com a criação de um espaço de reunião, aprendizado sobre tecnologia e redistribuição do conhecimento de forma democrática, o POWRPLNT mobiliza gerações, fornecendo as ferramentas para impulsionar desmantelamentos estratégicos.

O glitch mobiliza. Esta é a nossa tarefa: continuar mobilizando, modificando, mudando de forma com orgulho. Esse movimento de escorregar e deslizar é transcendente. Somos tudo e nada, em todos os lugares e em lugar nenhum, sempre em movimento. Para citar BUFU (@ bufu_byusforus), um coletivo de Nova York de «pessoas artistas e organizadoras queer, *femme* e não binários Negres e do leste asiático»: «Para onde mais iríamos? / Quem mais acreditou em nosso potencial além de Nós?».[12] Na mobilização, encontramos outras pessoas como nós, e, ao fazê-lo, nos encontramos. Na mobilização, permanecemos em fuga: ficamos do lado de fora, não com o fim de olhar para dentro, mas, sem pátria, ocupar e crescer com intenção. Essa mobilidade é linda, escorregadia, tensa, catastrófica. É o que nos ofusca e nos liberta, firmes na luta contra a hegemonia.

---

12 «BUFU: BY US FOR US». Disponível em: <bufubyusforus.com>.

11
O glitch
é remix

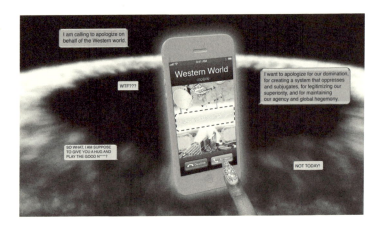

Estou ligando para pedir desculpas em nome do mundo ocidental. / O QUÊ??? / E AÍ? EU TENHO QUE TE DAR UM ABRAÇO E BANCAR A P**** BOAZINHA? / Gostaria de pedir desculpas pela nossa dominação, por criar um sistema que oprime e subjuga, por legitimar nossa superioridade, por manter nossa agência e hegemonia global. / HOJE NÃO!

11 O GLITCH É REMIX

Quer dizer, o que podemos fazer com os nossos corpos? [...]
*Eu quero balançar meu corpo para frente e para trás, para
frente e para trás.*

T. Fleischmann, *Time Is the Thing a Body Moves Through*

Pessoas queer, racializadas e que se identificam como
mulheres têm uma relação histórica e duradoura com a noção de «remix». Remixar é reorganizar, adicionar a uma
gravação original. O espírito do remix é encontrar maneiras de inovar com o que foi dado, criando algo a partir do
que já existe.

Estamos diante da realidade de que nunca nos serão
dadas as chaves de uma utopia arquitetada pela hegemonia. Em vez disso, nos incumbiram de construir o(s)
mundo(s) em que queremos viver, um projeto mais difícil, porém mais urgente de realizar. Se vemos a cultura,
a sociedade e, por extensão, o gênero como materiais de
remixagem, nós podemos reconhecer essas coisas como
«gravações originais» que não foram criadas para nos
libertar. Ainda assim, são materiais que podem ser recu-
perados, rearranjados, reaproveitados e renascidos em
direção a um empreendimento emancipatório, criando
novos «registros» por meio de ações radicais. Remixar
é um ato de autodeterminação; é uma tecnologia de
sobrevivência.

Este mundo não foi construído para nós; ainda assim,
de alguma forma, estamos aqui, contra todas as probabilidades. Da mesma forma, a internet, um eletrizante
black mirror, não foi construída como um material para os
nossos corpos. Na pior das hipóteses, a internet só reflete
a miséria do mundo ao nosso redor. Ainda assim, criamos
uma válvula de escape em nossa implantação do material

digital. On-line, ampliamos nossos avatares, nosso vasto e variado eu. Por essa prática performativa, resistimos a um cânone excludente da cultura visual que, incapaz de decifrar nossa codificação, tenta nos apagar inteiramente. O glitch carrega uma tecnologia de remix dentro de seu código. Nós experimentamos com o material digital como forma de ultrapassar os limites do mundo AFK, remixando por meio de uma coreografia complexa à medida que construímos novos corpo-realidades. Apesar da supremacia da gravação original, nós ainda assim ascendemos.[1]

Mas ainda assim pode ser difícil se adaptar.

A artista Tabita Rezaire enfrenta esse desafio em sua prática criativa e espiritual, aplicando a arte como uma «tecnologia de cura» em um esforço para se reconciliar com um mundo (digital) que está longe do paraíso prometido no nascimento da internet. Em seu vídeo *Afro cyber resistance* [Resistência afrocibernética] (2014), Rezaire problematiza a realidade de uma internet movida pelo Ocidente, que filtra e exclui as contribuições das pessoas Negras dentro de seu arco histórico – o que ela descreve como «colonialismo eletrônico». Rezaire observa:

> As pessoas negras têm protestado e imaginado maneiras diferentes – suas próprias maneiras – de existir na internet. Se ainda devemos usar a internet, como podemos usá-la de uma forma edificante e inspiradora para as comunidades afetadas pelo racismo da internet? *Afro cyber resistance* é um panfleto e um apelo à descolonização da internet.[2]

---

1 Pensando aqui no poema de Maya Angelou de 1994, «Still I Rise» [Ainda assim eu me levanto].

2 A. King, «Feel like a Cyber Slave? Meet Tabita Rezaire, Healer of Souls». *Huck*, 1º fev. 2018. Disponível em: <huckmag.com>.

11 O GLITCH É REMIX

O glitch, em seu remix, incorpora o que Rezaire aponta, identificando maneiras de fazer uso da internet com o objetivo de «animar [...] comunidades» como uma aplicação do material digital para lidar com a natureza complicada e muitas vezes contraditória do próprio material. Descolonizando pela ocupação de um cenário digital desafiador, os atos de apreensão e recuperação são dois pilares da agenda política do glitch. Como feministas glitch, nosso objetivo é «alterar [...] a memória do computador» por meio de nossa exploração de novos modos de existir, sobreviver e viver, tanto AFK quanto na internet.[3]

Para alterar a memória mecânica, a designer e pesquisadora Simone C. Niquille explora novas formas do corpo na pesquisa daquilo que ela chama de «design de avatar e estratégia de identidade». Niquille aborda o corpo como um desafio de design, considerando maneiras de reestruturar as formas físicas com o objetivo de remixar totalmente a identidade. «O acelerado frenesi contemporâneo de coletar o máximo de dados possível em um único indivíduo para [...] construir um perfil 'concretizado' é um esforço frágil», explica Niquille. «Mais informação não leva necessariamente a uma imagem mais definida.»[4] O feminismo glitch concorda: a possibilidade de fracasso em conseguir uma «imagem mais definida» tem perspectivas maravilhosas e estranhas. Para Niquille, a coleta de dados não é por si só a ameaça final, não se pudermos subvertê-la projetando corpos que, trabalhando contra o design do mundo ao seu redor – influenciado por uma noção particular de um corpo «normal», um

---

3 E. Siner, «What's A 'Glitch,' Anyway?: A Brief Linguistic History». *NPR*, 24 out. 2013. Disponível em: <npr.org>.

4 S. C. Niquille, S. Wolk e J. Witscher, «The Fragility of Life». *Possible Bodies*, 22 jul. 2017. Disponível em: <possiblebodies.constantvzw.org>.

mundo generificado, racializado –, permaneçam ilegíveis para a máquina.

Para o curta-metragem de Niquille, *The Fragility of Life* [A fragilidade da vida] (2016), ela dá vida a uma personagem chamada Kritios They. Kritios They foi produzido por Niquille em um programa chamado Fuse, agora parte do pacote Adobe Creative Cloud, projetado para criar modelos 3D e personagens animadas. Fuse apresenta à pessoa usuária partes do corpo que podem ser montadas em novas formas; assim, o próprio programa é configurado com uma série de suposições incorporadas sobre a forma como um corpo deve ser, como partes dele devem se encaixar e o que torna um corpo inteiro ou mesmo humano. Quando o programa é levado ao limite, a renderização dessas formas deixa de reconhecer certas corpo-realidades, estabelecendo que corpos que não se misturam perfeitamente não podem se qualificar como corpos. Niquille descompacta isso:

> Para funcionar, muitos desses processos e fluxos de trabalho demandam um conteúdo muito específico para sua definição da forma humana. Como resultado, eles não dão conta de nada do que diverge daquela norma, estabelecendo uma verdade paramétrica tendenciosa e discriminatória. Isso levanta a questão do que é essa norma e como, por quem e para quem ela foi definida.[5]

As implicações são significativas se as vemos através das lentes das tecnologias digitais de vigilância e captura de imagens. Abre-se uma infinidade de possibilidades para o que é ou não lido como um corpo, algumas que permitem maior recusa dentro das hierarquias

5   Ibid.

11 O GLITCH É REMIX

de visibilidade e outras que sinalizam um corpo que não pode ser lido como uma ameaça digna de ser visada, aumentando a vulnerabilidade desse corpo à medida que se move pelo espaço.

Ainda assim, «o corpo concebido como um agenciamento mecânico torna-se um corpo que é múltiplo», o que significa que, como «contém multidões» (para retornarmos ao nosso começo com Walt Whitman e E. Jane), um corpo que é *gooey*, embaçado, cheio de costuras, ou simplesmente falho é aquele que absorve e refrata, tornando-se simultaneamente todo mundo e ninguém.[6]

Niquille aponta para as animações forenses criadas pela defesa para o julgamento de George Zimmerman no assassinato do adolescente Negro Trayvon Martin em 2012. Essas reconstituições digitais, baseadas em dados recolhidos no local, foram encenadas por um ator, equipado com dezesseis sensores, que se moveu conforme a defesa teorizou que Zimmerman pode ter se movido quando saiu de seu carro e perseguiu Martin pela rua na noite do tiroteio. Niquille explica:

> [Em] um vídeo de aproximadamente duas horas do advogado de Zimmerman questionando o animador sobre seu processo [...] [o] animador afirma que foi ele quem usou o traje de captura de movimento retratando tanto Zimmerman quanto Martin. Como se isso já não fosse suficiente para desmascarar uma alegação de objetividade, o advogado pergunta: «Como o computador sabe que está gravando um corpo?». Ao que o animador responde: «Você coloca os dezesseis

---

6   P. Malins, «Machinic Assemblages: Deleuze, Guattari, and an Ethico--Aesthetics of Drug Use». *Janus Head*, vol. 7, n. 1, 2004, p. 86.

137

sensores no corpo e depois vê o corpo acompanhando o movimento deles na tela».[7]

A utilização de dezesseis sensores para «ler» a forma em movimento na produção de uma animação forense serve para demonstrar as falhas de legibilidade e o viés nela apresentado, principalmente nesse caso em que não houve nem sequer uma testemunha do disparo de Martin. A legibilidade do corpo de Zimmerman e do corpo de Martin são roteirizadas a partir de um corpo específico de evidências, dados ditando movimentos teorizados a partir da seleção de «imagens e relatório da autópsia, relatórios policiais, depoimentos de testemunhas e fotos feitas por policiais que responderam ao chamado».[8] O juiz do caso decidiu que a defesa não poderia inserir as animações como prova.[9] Ainda assim, o viés mecânico protagonizado pelo pan-óptico do mapeamento do corpo por meio de tecnologias digitais é preenchido com lacunas auspiciosas, o que nos permite perguntar: se um corpo não é legível como corpo e, portanto, não pode ser lido, esse corpo será «visto»? Ele pode desaparecer, contornando o olho digital onipresente? Falhando no reconhecimento, ele pode deixar de existir com sucesso?

A série *Facial Weaponization Suite* [Conjunto de armamento facial] (2011-14) do artista Zach Blas nos leva ainda mais longe em nossa busca pela ilegibilidade estratégica. Esse trabalho nada mais é do que uma resistência a falhas dentro de uma cultura sempre crescente

---

7   Niquille, Wolk e Witscher, «The Fragility of Life», op. cit.

8   Associated Press, «George Zimmerman Judge Ponders Request To Use Animated Recreation». *Guardian*, 9 jul. 2013. Disponível em: <theguardian.com>.

9   E. Donaghue, «George Zimmerman Trial: Defense Can't Introduce Animation of Fight as Evidence, Judge Rules». *CBS News*, 10 jul. 2013. Disponível em: <cbsnews.com>.

11 O GLITCH É REMIX

do capitalismo de vigilância. O projeto constrói o que o artista chama de «máscaras coletivas» modeladas a partir da agregação de dados faciais coletados em oficinas em grupo. Os resultados são «máscaras amorfas que não podem ser detectadas como rostos humanos por tecnologias de reconhecimento facial biométrico».[10] O artista então usa essas máscaras para realizar e encenar intervenções públicas.

Blas cria diferentes tipos de máscaras com o objetivo de interrogar diferentes tipos de coleta de dados biométricos. Para uma máscara, «Fag Face Mask» [Máscara facial da bicha], o artista seleciona dados faciais biométricos com base em um agrupamento de homens queers, contrariando tecnologias que perfilam a orientação sexual baseadas em traços selecionados por algoritmos. Para outra máscara, o artista investiga a construção da negritude por meio de três canais: «o racismo das tecnologias biométricas que são incapazes de detectar a pele escura, o favorecimento do preto na estética militante e o preto como aquilo que ofusca informaticamente».[11] Com isso, Blas rejeita a singularidade e abraça a ação coletiva. Traz à tona a tensão entre o luxo e o privilégio de poder optar por recusar a visibilidade, e, inversamente, a ferramenta dessa recusa. Isso, por sua vez, torna-se uma estratégia fundamental que oferece a possibilidade de maior mobilidade para os corpos vulneráveis que necessitam dela.

Podemos ver outra forma de remix e uma abordagem diferente do ato de mascarar-como-resistência no projeto *A Refusal* [Uma recusa] (2015-16),[12] de American

---

10 Z. Blas, Facial Weaponization Suite, 2011-14. Disponível em: <zachblas.info/works/facial-weaponization-suite>.

11 Ibid.

12 American Artist, *A Refusal*, 2015-16. Disponível em: <americanartist.us/works/a-refusal>.

Artist. Para esse projeto, que durou um ano inteiro, Artist substituiu todos os conteúdos de imagem postados em suas redes sociais por retângulos azuis e redigiu todos os textos com barras pretas. Para ter acesso ao conteúdo, as pessoas que seguiam Artist precisavam solicitar um encontro presencial. Ao se recusar a inserir seus dados comportamentais, Artist desafiou a construção de um eu virtual enquanto recuava simultaneamente seu trabalho de produção de conteúdo para plataformas em rede. Essa ação inutilizou Artist para a lógica da economia digital. Enquanto isso, aumentou o valor do conteúdo que permaneceu nas plataformas de rede social de Artist em decorrência de sua raridade, um material guardado e cuja circulação é controlada pelo próprio indivíduo. Ao limitar a oferta do «produto», Artist criou uma escassez, ampliando a demanda pela commodity bruta: o acesso à presença física da pessoa.

Florence Okoye, em sua discussão sobre o invisível, aponta para novas possibilidades de abrir espaço para corpos em glitch por meio do redesenho estratégico e do engajamento crítico da experiência da pessoa usuária. Okoye coloca de forma simples: «O *bot* fornece uma prova da falta de visão de quem o criou». Ela questiona: «Como alguém pode visualizar as necessidades de outra pessoa quando nem percebe que ela existe? [...] O glitch não se tornou, então, um meio de ver o invisível?».[13]

Diante do capitalismo de vigilância, o anonimato, talvez melhorado, de dados, modos avançados de criptografia ou defesa de um melhor controle de dados ou propriedade por parte dos próprios indivíduos não é realmente a batalha certa a ser travada. Para revolucionar

---

13   F. Okoye, «Decolonising Bots: Revelation and Revolution through the Glitch». Het Nieuwe Instituut, 27 out. 2017. Disponível em: <botclub. hetnieuweinstituut.nl>.

11 O GLITCH É REMIX

as tecnologias em direção a um aplicativo que realmente celebre corpos em glitch, talvez o único modo de ação seja remixar de dentro como uma forma de ativismo, programando especificamente com o invisível ou ilegível em mente. Para «advogar pela pessoa usuária», nas palavras de Okoye, é preciso inovar, codificar, projetar o erro *na máquina*, como um remix que torna a máquina irreconhecível para si mesma, provocando seu fracasso como um ato radical.

FEMINISMO GLITCH

12
O glitch sobrevive

Não se nasce corpo, torna-se corpo. E não se nasce glitch, torna-se glitch. O *devir-glitch* é um processo, uma diáspora consensual em direção à multiplicidade que nos arma como ferramentas, nos carrega como dispositivos, nos sustenta como tecnologia, enquanto nos incita a persistir, sobreviver, permanecer em vida.

O glitch recusa

Estamos construindo um futuro em que podemos ter a amplitude que merecemos. Nós nos recusamos a nos encolher, nos recusamos a nos encaixar. Como pessoas fluidas, insistentes, nós recusamos a imobilidade: escorregamos, deslizamos. Reconhecemos as contribuições da negritude para a queeridade libertadora e as contribuições da queeridade para a negritude libertadora. Deixamos de funcionar para uma máquina que não foi construída para nós. Recusamos a retórica da «inclusão» e não vamos esperar que este mundo nos ame, nos compreenda, nos dê espaço. Vamos ocupar espaço, quebrar este mundo e criar novos.

O glitch é cósmico

Reconhecemos que os corpos não são pontos fixos, não são destinos. Corpos são viagens. Corpos se movem. Corpos são abstratos. Reconhecemos que começamos na *abstração* e então viajamos em direção ao *devir*. Para transcender os limites do corpo, precisamos deixar de lado a aparência de um corpo, o que ele deve fazer, como deve viver. Reconhecemos que, nesse processo de desapego, podemos chorar; esse luto faz parte do nosso crescimento. Celebramos a coragem necessária para mudar de forma, a alegria e a dor que podem acompanhar a exploração de diferentes eus e o poder que surge do encontro com novos eus.

O glitch alfineta

Nós alfinetamos quando existimos no mundo, quando aparecemos e não apenas sobrevivemos, mas vivemos verdadeiramente, plenamente. Nós praticamos o futuro no agora, testando alternativas de ser. Em conjunto, consideramos, aberta e honestamente, como ser estrategicamente visíveis quando a visibilidade é radicalmente necessária.

O glitch dá ghost

Nós damos ghost no corpo, nos recusando a responder aos seus textos culturais, chamadas incessantes, *directs* agressivos. Reconhecemos que o gênero é uma economia. É um raio na roda do capitalismo. Rejeitamos nossa compra e venda. Não sentimos culpa ou vergonha por dar as costas a um mercado que quer comer vivas pessoas como nós. Vamos criar estratégias e coletivizar em direção à inutilidade, um fracasso que imagina, inova, emancipa.

O glitch é erro

Nós somos o erro mais fantástico e bonito. Nunca fomos pessoas destinadas a sobreviver, mas aqui estamos: um erro no algoritmo. Não somos significantes vazios, porém; não somos *hiperlinks* sem saída. Rejeitamos o ato violento de nomear. Vamos nos reconfigurar como acharmos melhor. Modificando e recodificando, escolhemos nossos próprios nomes, construímos nossas próprias famílias e comunidades, falhamos orgulhosamente no presente enquanto sonhamos novos futuros.

O glitch criptografa

Somos pessoas criptografadas: codificadas, não podem nos ler facilmente. Reconhecemos que a leitura *cuidadosa* do outro é um exercício de confiança, intimidade, pertencimento, retorno ao lar. Rejeitamos a fusão de legibilidade e humanidade. Nossos corpos ilegíveis são uma ruptura necessária. Nossos corpos ilegíveis podem nos tornar invisíveis e hipervisíveis ao mesmo tempo. Como resposta a isso, trabalhamos em conjunto para criar passagens seguras on-line e off-line por onde viajar, conspirar e colaborar.

O glitch é anti-corpo

Se nosso reconhecimento como um corpo que merece viver exige a performance de um certo eu – olhar de certa maneira, viver de certa maneira, dar e receber cuidado de certa maneira –, nós atacamos totalmente o corpo. Seguraremos espelhos entre nós, seguraremos e cuidaremos dos reflexos vistos. Veremos uns aos outros e os eus que nos tornamos, reconhecendo que esses eus são reais, amados e muito vivos.

O glitch é pele

Embora protetora e permeável, a pele do digital, apesar de seus emaranhados, permanece necessária como uma ferramenta de experimentação. Assim, celebramos nós mesmos e a estrutura oferecida pelas peles que vestimos e despimos. Reconhecemos que nossa performance de outros corpos é protética. Reconhecemos que a pele do digital transforma e é transformadora.

O glitch é vírus

Queremos corromper os dados. Queremos foder a máquina. Pessoas infecciosas, virais, vamos derrubar tudo. Reconhecemos que nessa ruptura há um começo.

O glitch mobiliza

Vamos nos mobilizar e agir! Reconhecemos que nem todo trabalho pode ser feito o tempo todo na internet. Completando o ciclo on-line-AFK, nos atreveremos a viver longe de nossas telas, incorporando nossos eus sempre escorregadios como uma ação ativista. Com a força dos mundos virtuais que atravessamos, reiniciaremos e reconstruiremos esses mundos quando eles não mais se adequarem e precisarem mudar. Ao longo desse ciclo, nos comprometemos a abrir espaço para críticas rigorosas, feedback, brincadeiras e prazer como ativismo.

O glitch é remix

Afirmando nosso papel na construção de novos mundos, vamos imaginar, inovar e remixar. Vamos reorganizar e redirecionar por qualquer meio necessário, tornando o que surge desse renascimento irreconhecível diante da violência de seu original. Criaremos fissuras no algoritmo social e cultural como um ato ativo de defesa, defendendo a pessoa usuária e nos defendendo.

O glitch sobrevive

Em 1993, um ano antes de Sadie Plant cunhar o termo *ciberfeminismo*, a poeta Lucille Clifton escreveu «você não vai comemorar comigo?». Como feministas glitch, pedimos isso aqui, celebrando com Clifton a seu pedido e compartilhando suas palavras transformadoras:

> você não vai celebrar comigo
> isto que eu moldei como
> um tipo de vida? eu não tive nenhum modelo.
> nascida na babilônia
> não branca e mulher.
> o que eu imaginei ser além de mim mesma?
> eu forjei isso.
> aqui nesta ponte entre
> a luz da estrela e a argila,
> minha mão segurando firme
> minha outra mão; venha celebrar
> comigo, que todos os dias

alguma coisa tenta me matar
e falha.[1]

O «eu forjei» de Clifton acena tanto para o playground quanto para o campo de batalha. Construir um futuro e um eu futuro ao mesmo tempo não é tarefa fácil. Essas palavras parecem uma resposta ao questionamento de Essex Hemphill em 1995, vagando pelo ciberespaço: «Homens invisíveis podem ver seus próprios reflexos?». O feminismo glitch percorre as passagens entre a luz das estrelas do digital e a argila do AFK. Não é modelado em nenhum modelo e pede um mundo melhor. Como Clifton, seguramos nossas próprias mãos e nos damos as mãos em um ato de solidariedade, sem muitos lugares onde nos apoiar. *O que vemos para ser além de nós mesmas?*

A questão aberta do corpo é uma das maiores questões do nosso tempo. Nossa encarnação do glitch é, portanto, uma expressão de desejo espacial, uma curiosa investigação a serviço do remapeamento da forma física e da maneira como a executamos e (re)estruturamos. O gênero como construção é uma falsidade. Como feministas glitch, desafiamos o discurso coletivo que designa o binarismo de gênero como uma progressão natural. O gênero binário nos afasta de nossa corporeidade cósmica, aquele espaço onde o corpo pode se expandir e explorar na liberdade da abstração. Não, isso não pode continuar. O glitch leva a máquina ao seu ponto de ruptura, recusando-se a funcionar para ela, recusando-se a manter sua ficção.

---

1 Conforme tradução de Lubi Prates, disponível em: <https://bazardotempo. com.br/as-mulheres-poemas-e-outros-poemas-de-lucille-clifton-por-lubi-prates/>. No original: «won't you celebrate with me/ what i have shaped into/ a kind of life? i had no model./ born in babylon/ both nonwhite and woman/ what did i see to be except myself?/ i made it up/ here on this bridge between/ starshine and clay,/ my one hand holding tight/ my other hand; come celebrate/ with me that everyday/ something has tried to kill me/ and has failed». [N. E.]

12 O GLITCH SOBREVIVE

O que significa encontrar a vida – e nos encontrar – pela estrutura do fracasso? O que significa construir modelos que se sustentam por si sós e ir forçosamente contra aquelas pessoas que falharam conosco, como ferramentas reacionárias de resistência? Aqui está a oportunidade de construir novos mundos. Como pessoas cidadãs transmutadas pelo material do digital, reconhecemos que o ilimitado é possível, que podemos expandir em todas as direções. Encontrei novas paisagens ao ser sustentada e conduzida on-line, naqueles primeiros dias em que me transformei em um Orlando digital, mudando de forma, viajando no tempo, subvertendo o gênero como achava melhor. Eu me tornei eu mesma, encontrei meu corpo, me transformando e encarnando um glitch.

Como feministas glitch, nós contemos multidões e não somos um, mas muitos corpos. Todos esses avatares da internet nos ensinaram algo: que a realidade é o que fazemos dela, e para viver uma «vida real», seja on-line ou AFK, devemos aproveitá-la. É nosso direito. Em conjunto, já não desejaremos visibilidade, reconhecimento ou igualdade. Essa renúncia ao poder como reparação pelos danos causados nunca acontecerá voluntariamente nem cumprirá nossos termos – então por que nos desperdiçar esperando por isso? Quebrando tudo, nós abrimos o caminho para o futuro caleidoscópico que queremos.

O que o feminismo glitch está propondo é o seguinte: *vamos encarnar o erro extático e catastrófico*. Se esta é uma batalha espacial, vamos nos tornar uma anarquitetura.

Não seremos «seres únicos», mas seremos todos os seres e todos os avatares, expandindo em toda uma gama de raiva que faz o mecanismo do gênero parar.

Vamos deixar nossa liquidez rugir com os profundos decibéis das ondas. Cruzaremos como avarias selvagens, amorosas e monstruosas.

Encontraremos vida, alegria e longevidade quebrando o que precisa ser quebrado. Seremos persistentes em nosso fracasso em performar em busca de um futuro que não nos quer, perseverando em nossa recusa em proteger a ideia, a instituição do «corpo» que nos aliena.

É aqui que as novas possibilidades se gestam.

Como feministas glitch, procuraremos na escuridão os portões, buscaremos as maneiras de derrubá-los e matar seus guardiões.

Então, vá em frente – abra tudo. Sejamos pessoas bem-aventuradas em nosso contágio vago e sem limites. Usurpe o corpo. Torne-se seu avatar. Seja o glitch.

Deixe tudo entrar em curto-circuito.

Agradecimentos

Digital Dualism and the Glitch Feminism Manifesto [Dualismo digital e manifesto do feminismo glitch] foi publicado pela primeira vez em 2012, encomendado pelo teórico Nathan Jurgenson para o *The Society Pages*, e depois expandido para um pequeno ensaio encomendado pela *Rhizome*, uma publicação de *new media art*. Na primavera de 2013, meu artigo sobre feminismo glitch foi aceito no *Queer Feminist Social Media Praxis Workshop* da Universidade de Sussex, e mais tarde, naquele outono, também foi aceito na conferência *Corporeal Computing: A Performative Archaeology of Digital Gesture* da Universidade de Surrey. Foi o início de algo maravilhoso, e exponencialmente maior do que eu, como autora deste pequeno livro.

Desde então, o feminismo glitch viralizou, viajando para longe de seu(s) lugar(es) de origem. Foi incluído nos programas de estudos feministas e de história da arte em uma variedade de instituições: Courtauld Institute of Art (Reino Unido), Royal Academy (Reino Unido), Evergreen State College (EUA), Universidade da Califórnia em Santa Cruz (EUA) e além. Foi incluído em publicações e produções apresentadas pela *F Word* (Reino Unido), Kingston University (Reino Unido), Photographers' Gallery (Reino Unido), Universidade de Estocolmo (Suécia), Universidade de Massachusetts Amherst (EUA), Universidade de Boston (EUA), McGill University (Canadá) e além.

Tive a sorte de fazer viagens internacionais com o feminismo glitch, participando de fóruns como *Theorizing the Web* [Teorizando a web], realizado no International

FEMINISMO GLITCH

Center of Photography (2015, EUA); *Technofeminism Now* [Tecnofeminismo agora], *Technology Now: Blackness on the Internet* [Tecnologia agora: a negritude na internet] e *Post-Cyber Feminist International* [Internacional feminista pós-cibernética], realizados no Institut of Contemporary Arts London (2015, 2016, 2017, Reino Unido); no Wonder Woman Festival na Castlefield Gallery (2017, Reino Unido); Universidade de Arcadia (2017, Reino Unido); no Forum for Philosophy da London School of Economics (2017, Reino Unido); *Decolonizing Bots* [Decolonizando robôs] no Het Nieuwe Instituut (2017, Holanda); Impakt Festival (2017, Holanda); Transmission Gallery e Centre for Contemporary Arts Glasgow (2018, Reino Unido); School of Visual Arts (2018, EUA); no simpósio *<Interrupted = Cyfem e Queer>* (2018, Alemanha); *Mapping Festival* (2018, Suíça); *Re/Dissolution: Learning from Pixels* [Re/dissolução: aprendendo com os pixels] na Academy of Fine Arts Munich (2018, Alemanha); Festival Rewire 2018 (2018, Holanda); conferência *Refiguring the Future* [Refigurando o futuro] da Eyebeam (2019, EUA) e muito mais. Isso é prova de que o feminismo glitch é material vivo e parte de uma conversa urgente, em progresso. Sou eternamente grata às pessoas queridas que organizaram os painéis e eventos nos quais apresentei o feminismo glitch e a todas aquelas que dedicaram um tempo para participar e se envolver criticamente com o trabalho em andamento.

Tudo isso para dizer que aquilo que as páginas deste livro contêm começou com indignação, desejo, preocupação, alegria. Surgiu de alguns dos meus momentos mais sombrios como um corpo estranho em movimento e iluminou o caminho, me permitindo avançar com coragem. E integra um diálogo global urgente.

Fora do *The Society Pages* e da *Rhizome*, um trecho anterior deste texto que reflete sobre algumas das

AGRADECIMENTOS

ideias compartilhadas aqui foi publicado em 2018 em uma compilação independente intitulada *Alembic*, apresentada pela galeria e espaço de trabalho Res. em Deptford, sudeste de Londres.

Feminismo glitch, como um manuscrito, cresceu e encontrou seu fundamento em conversas com a adorada Elizabeth Koke (que literalmente o guiou da pista de dança do Nowhere Bar para a luz do dia) e Angelica Sgouros (também na pista de dança do Nowhere Bar), que levou este trabalho muito além com força, visão e coragem. Quando comecei este livro, as primeiras pesquisas foram auxiliadas por duas pessoas super-radicais: inspiradore poeta, artista, estrela-mirim Caspar Heinemann e a igualmente inspiradora escritora e editora Laura Bullard. A estrutura e o material para as minhas palestras feministas glitch a partir de 2017 foram compostos com cuidado por Anna Carey, que trouxe a visibilidade do feminismo glitch a novos patamares com seu olhar aguçado para o design e sua habilidade com o Keynote.

Em forma de palestras performáticas .com e agora aqui também, *Feminismo Glitch* celebra as importantes contribuições criativas e o trabalho muito necessário de E. Jane (e seu Mhysa), manuel arturo abreu e Shawné Michaelain Holloway. Honre essas pessoas comigo.

Outras pessoas que encorajaram, celebraram, desafiaram e animaram este trabalho, listadas em ordem alfabética: Alexandra Bynoe-Kasden, Andrew Cappetta, Brittni Chicuata, Nora Clancy, Bibi Deitz, Rosalie Doubal, Thelma Golden, meu brilhante e muito antenado editor Leo Hollis, Madeleine Hunt-Ehrlich, Lena Imamura, Andreas Laszlo Konrath, Moira Kerrigan, Taylor LeMelle, Kamala Mottl (*aloha wau iā 'oe*, «*Geeve um!*»),[1] Kaitlin Kylie Pomerantz, Angola Russell, Ernest Russell

---

1 Expressão havaiana que significa «Faça seu melhor! Não desista!». [N. T.]

FEMINISMO GLITCH

(DIGITALMAN), Hannah Sullivan, Sarah Shin, Mark Tribe, McKenzie Wark, Zadie Xa. Estou em eterna dívida e gratidão com a Carl and Marilynn Thoma Art Foundation e com a Robert Rauschenberg Residency pelo apoio que me deram na criação deste manuscrito. Também houve tantas pessoas incríveis que dedicaram tempo para serem vulneráveis, apaixonadas, selvagens, maravilhosas e que me escreveram compartilhando suas histórias pessoais, pensamentos e vibrações positivas ao longo da minha escrita. Para cada uma de vocês: suas palavras chegaram bem na hora, me deram uma visão, me resgataram da margem e me levaram adiante com confiança e autodeterminação em meu coração.

Por fim, às pessoas artistas, escritoras, pensadoras e hackers de gênero que moram nestas páginas: sou profundamente grata pelo trabalho que todes vocês trazem ao mundo, os numerosos eus que vocês corajosamente compartilham on-line e AFK, e a eterna solidariedade que vocês demonstram enquanto continuamos a conspirar para quebrar o código binário.

Ciberfamília: em todo o seu brilhantismo e aliança, eu agradeço sua visão, sua recusa e, acima de tudo, seu amor. Vocês são tudo.

USURPE O CORPO! SEJA SEU AVATAR!

Créditos das imagens

DIGITALMAN e Legacy Russell, *Black Baldessari (Emoji Portraits)*, série de composições finalizada em 2018, cortesia de DIGITALMAN e Legacy Russell.

Mark Aguhar, *These Are the Axes* (2012), cortesia do espólio de Mark Aguhar.

E. Jane, *Nope (A Manifesto)* (2016), cortesia da artista e Codette.

boychild, *Moved by the Motion* (2014), com Wu Tsang, cortesia de boychild.

Frank Benson, *Juliana* (2014-2015), renderização 3D, cortesia do artista, Andrew Kreps Gallery (Nova York) e Sadie Coles HQ (Londres).

Sin Wai Kin, performance em *Glitch @ Night*, organizada por Legacy Russell como parte do *Post-Cyber Feminist International* (2017), ICA Londres, cortesia do ICA Londres, fotografia de Mark Blower.

Rindon Jonhson, *My Daughter, Aaliyah (North, Norf)* (2016), cortesia do artista.

manuel arturo abreu, 2014, tuíte, cortesia do artista.

Sondra Perry, vista da instalação *Typhoon coming on*, Serpentine Sackler Gallery, Londres (6 mar.-20 maio 2018), © 2018 Mike Din, cortesia da artista e Bridget Donahue, NYC.

Kia LaBeija, *Eleven* (2015), cortesia da artista.

Lil Miquela, cortesia de Brud.

shawné michaelain holloway, *mirror-mirror_(newGen_TechEdit) blackbitch1.png* (2015), cortesia da artista.

American Artist, *Mother of All Demos* (2018), cortesia de HOUSING, Brooklyn.

The White Pube, post no Instagram, cortesia do
The White Pube.
Tabita Rezaire, *Afro-Cyber Resistance* (2014), *still* de
vídeo, 18:26, cortesia da artista.

Textos citados

Etheridge Knight, «Felling Fucked Up». In: ____. *The Essential Etheridge Knight*. Pittsburgh: University of Pittsburgh Press, 1986, p. 34.

Anaïs Duplan, «On a Scale of 1-10, How 'Loving' Do You Feel?». In: ____. *Take this stallion: poems*. Brooklyn: Brooklyn Arts Press, 2016, p. 12.

Richard Siken, «Seaside Improvisation». In: ____. *Crush*. New Haven: Yale University Press, 2005, p. 8.

Yusef Komunyakaa, «Fever». In: ____. *Neon Vernacular: New and Selected Poems*. Middletown: Wesleyan University Press, 1993, p. 24.

manuel arturo abreu, «A PIECE OF WRITING THAT WON ME $200 IN EIGHT GRADE». In: ____. *List of Consonants*. Joshua Tree: Bottlecap Press, 2015, p. 53.

Ocean Vuong, «Threshold». In: ____. *Night Sky with Exit Wounds*. Port Townsend: Copper Canyon Press, 2016, p. 3 [ed. bras.: *Céu noturno crivado de balas*. Belo Horizonte: Âyiné, 2019].

Billy-Ray Belcourt, «The Cree Word for a Body Like Mine is Weesageechak». In: ____. *This Wound is a World: poems*. Okotoks: Frontenac House Poetry, 2017, p. 9.

Caspar Heinemann, «Magic Work: Queerness as Remystification», 2014. Disponível em: <https://angstravaganza-blog.tumblr.com/post/120516608138/magic-work-queerness-as-remystification>. Acesso: 17 jan. 2023.

T. Fleischmann, *Times Is the Thing a Body Moves Through*. Minneapolis: Coffee House Press, 2019, pp. 9, 54.

Lucille Clifton, «won't you celebrate with me?». In: Kevin Young; Michael S. Glaser (orgs.). *The Collected Poems of Lucille Clifton 1965-2010*. Rochester: BOA Editions, 2012, p. 427.

LEGACY RUSSELL é curadora e escritora. Nascida e criada em Nova York, é diretora executiva e curadora--chefe do *The Kitchen*. Anteriormente, foi curadora associada de exposições no The Studio Museum, no Harlem. Russell possui mestrado com distinção em História da Arte pela Goldsmiths, University of London, com foco em Cultura Visual. Seu trabalho acadêmico, curatorial e criativo se concentra em gênero, performance, identidade digital, idolatria na internet e novos rituais de mídia. Os trabalhos escritos, entrevistas e ensaios de Russell foram publicados internacionalmente. Recebeu o prêmio Thoma Foundation 2019 Arts Writing Award in Digital Art, Rauschenberg Residency Fellow em 2020 e Creative Capital Award em 2021.

1 Legacy Russell, *Feminismo glitch*
2 Émilie Notéris, *Alma material*

Dados Internacionais de Catalogação na Publicação (CIP)
(Câmara Brasileira do Livro, SP, Brasil)

Russell, Legacy
  Feminismo glitch / Legacy Russell ; tradução
Camila Araújo. -- Belo Horizonte, MG : Editora Âyiné, 2023.

  Título original: Glitch feminism: a manifesto
  ISBN 978-65-5998-107-6

  1. Artes visuais e sociedade 2. Feminismo
3. Inovação tecnológica I. Título.

23-159010   CDD-305.42

Índices para catálogo sistemático:
1. Feminismo : Sociologia 305.42
Eliane de Freitas Leite - Bibliotecária - CRB 8/8415

Composto em Suisse Works e Suisse Int'l
Belo Horizonte, 2023